O Zen na Arte da Cerimônia das Flores

Gusty L. Herrigel

O Zen na Arte da Cerimônia das Flores

Prefácio:
MONJA COEN
e
DAISETZ T. SUZUKI

Tradução:
ALAYDE MUTZENBECHER

**Editora
Pensamento**
SÃO PAULO

Título original: *Zen in der Kunst der Blumenzeremonie.*

Copyright © 1958 e 1979 pela Editora Scherz – Berna – Munique, Viena – para a Editora Otto Wilhelm Barth.

Copyright da edição brasileira © 1986 Editora Pensamento-Cultrix Ltda.

Texto de acordo com as novas regras ortográficas da língua portuguesa.

1ª edição 1986.

2ª edição 2013.

A Editora Pensamento não se responsabiliza por eventuais mudanças ocorridas nos endereços convencionais ou eletrônicos citados neste livro.

Diagramação: Fama Editora

Revisão: Cristiane Maruyama

CIP-BRASIL. CATALOGAÇÃO NA PUBLICAÇÃO
SINDICATO NACIONAL DOS EDITORES DE LIVROS, RJ

H482z
Herrigel, Gusty L.
    O zen na arte da cerimônia das flores / Gusty L. Herrigel ; prefácio Monja Coen, Daisetz T. Suzuki ; tradução Alayde Mutzenbecher. — 1. ed. — São Paulo : Pensamento, 2013.
    Tradução de: Zen in der kunst der blumenzeremonie
    Inclui posfácio
    ISBN 978-85-315-1847-8
    1. Vida espiritual — Budismo. I. Título.

13-04963   CDD: 294.3444
                                                   CDU: 24-584

Direitos de tradução para a língua portuguesa adquiridos com exclusividade pela
EDITORA PENSAMENTO-CULTRIX LTDA., que se reserva a
propriedade literária desta tradução.
Rua Dr. Mário Vicente, 368 - 04270-000 - São Paulo - SP
Fone: (11) 2066-9000 - Fax: (11) 2066-9008
E-mail: atendimento@editorapensamento.com.br
http://www.editorapensamento.com.br
Foi feito o depósito legal.

Sumário

Prefácio

Ikebana, como é conhecida a arte dos arranjos florais no Japão, é uma palavra composta de dois ideogramas.

O primeiro, Ike, quer dizer "dar vida".

O segundo, Bana, significa flor.

Flor viva. O Caminho da Vida da flor.

Como dar vida à sala, como dar vida às flores?

Em nosso mosteiro, em Nagoia, a Abadessa era uma grande mestra de Ikebana e da Cerimônia do Chá, além de ser nossa Mestra Zen.

Monges e monjas zen-budistas aprendem tanto Ikebana quanto Chado (o Caminho do Chá) nos mosteiros, principalmente porque ambas as artes vieram dos altares e das oferendas aos Budas Ancestrais.

Nossa superiora, Aoyama Shundo Docho Roshi, trazia de Nagano (os Alpes japoneses) ramos de árvores e várias flores, cada vez que voltava de seu templo para nosso mosteiro. Ficávamos horas a atendendo. Eram arranjos nos grandes vasos de cerâmica de mais de um metro de altura da principal sala de aula, nos tokonomas das salas de recepção de hóspedes especiais e nas laterais dos altares principais.

Docho Roshi também fazia as flores em todos os vasos de nosso mosteiro. Eram muitos. Os dois vasos principais dos altares centrais e todos os outros pequenos vasos dos altares secundários.

Ela trabalhava em silêncio. De avental sobre o kimono de tecido liso, a tesoura, a água, os baldes e os plásticos cobrindo os tatames.

Com muita alegria nos revezávamos nessas tarefas. Algumas vezes ela nos dava explicações. Na maioria delas, trabalhava em silêncio e aprendíamos ao vê-la escolher o melhor ângulo de um galho de pinheiro, de pessegueiro, de ameixeira – para cada época do ano, de acordo com as datas e as circunstâncias, as flores eram assim escolhidas. Depois ela ia colocando com arte e delicadeza as outras flores. Parava um pouco, observava e recortava. Havia sempre um movimento para o céu e um movimento lateral, acompanhando o local do vaso e direcionando para uma caligrafia ou para uma imagem.

Já nos altares, a arte da Ikebana se mostrava diferente. Os vasos são pares iguais. Ela arranjava as flores fora dos vasos.

Sempre tendo alguns ramos verdes no fundo, dispunha as flores: por exemplo, crisântemo imperial amarelo como a mais alta, tendo dois outros crisântemos um pouco mais abaixo, na lateral da flor mais alta, e outra central e duas outras laterais, formando um movimento para cima, como duas mãos colocadas palma com palma.

A tradição dos arranjos para altares faz lembrar as flores de lótus – a desabrochada, a por desabrochar, o botão fechado, a folha aberta.

Ficávamos maravilhadas com a destreza e rapidez de seus gestos. Era precisa no cortar, no perceber a frente da flor e no colocá-la no lugar exato, criando uma harmonia perfeita.

Dar vida às flores.

Não apenas colocá-las em um vaso de forma artística.

Era muito mais do que isso.

Tínhamos muito trabalho nos dias subsequentes, para trocar a água dos vasos, cortar as pontas das flores numa bacia com água (mizukiri) para mantê-las vivas. Mas, assim que tentávamos recolocá-las como a Mestra havia feito, percebíamos a diferença. Éramos apenas aprendizes. Perdia-se uma sutil elegância que nunca vi outra pessoa ter.

Estive em vários eventos de Ikebana no Japão.

Arte extraordinária e surpreendente.

Uma série de copos-de-leite arranjados em fila – de tamanhos diferentes, num vaso escuro. Outro em que as flores foram cortadas e ficaram apenas as hastes alinhadas num exótico corredor verde. Havia uma variedade tão grande de expressões artísticas, escolas diferentes, que muito me surpreendeu. Arte moderna, arte contemporânea, arte clássica. Modelos de vasos diferentes, arranjos exóticos e outros que nos fazem refletir.

E todos vieram das ofertas nos altares budistas. Ofertas de flores, incenso, luz de velas, água doce, chá e alimentos.

Ofertas aos Budas e aos Ancestrais em sinal de gratidão e respeito.

Queremos oferecer o que temos de mais belo e de mais saboroso. É a maneira de expressar nossa fé.

Nos mosteiros budistas todos aprendem a arte dos arranjos de flores. Alguns se tornam mestres, outros eternos aprendizes. Mas é inegável a diferença entre um arranjo de flores realizado por uma monja ou um monge e o de um iniciante no Caminho de Buda.

A pessoa iluminada é livre. Vê com clareza. Exprime com simplicidade.

A pessoa não iluminada é presa. Vê com limites. Exprime com dificuldade e complicação.

Como o livro da sra. Gusty Herrigel bem nos ensina e como o prefácio do professor Daisetz T. Suzuki nos faz lembrar – não é apenas técnica. É preciso algo mais. Um sentido de atingir a essência de si mesmo e da própria vida, em cada flor escolhida, em cada flor colocada, em cada vaso, em cada gota d'água.

Há um famoso ensinamento do Mestre Zen Tozan Ryokai (China, século VIII):

Um arqueiro pode atingir o alvo a uma centena de passos, mas quando duas flechas se encontram em pleno ar, ponta com ponta, será somente a técnica a responsável?

Dar vida às flores, que são vida. Dar vida à vida em nossas vidas.

Contar histórias.

Lembrar locais.

Trazer para dentro dos templos, das casas, a natureza. Oferecer a fragrância e a beleza. Oferecer vida. Transitória e interconectada rede da vida.

Existe uma história famosa de um monge que há anos vivia no mosteiro procurando iluminar-se quando, numa manhã, ao sentir a fragrância das flores de pessegueiro, subitamente se iluminou.

Flores que iluminam, que nos fazem despertar.

Outro caso famoso foi o do monge que varria o jardim.

Um pedregulho bateu no bambu – *teque*.

Ao ouvir o som, ele despertou.

Muitos de nós estamos meio acordados, meio adormecidos.

O Caminho é encontrado quando despertamos totalmente para a realidade do assim como é.

A arte dos arranjos de flores deve ser uma inspiração e ao mesmo tempo uma manifestação desse despertar.

Em épocas especiais, como para receber o Ano Novo, são colocadas as três plantas de congratulações: o pinheiro, sempre verde, simbolizando a longevidade; o bambu crescendo em nódulos, flexível e respeitando os ancestrais; e a flor da ameixeira – primeira árvore a florescer depois do inverno, anuncia com seus botões perfumados a chegada da primavera.

Assim, quando a Primavera chega, e as flores de cerejeira ficam mais rosas no céu azul, as pessoas se reúnem sob a copa das árvores, nos parques, para beber saquê e escrever poesia.

Desenvolver essa sensibilidade de apreciar a beleza da natureza e ser capaz de reproduzi-la em um arranjo vai além da técnica. É preciso ter o espírito iluminado.

Em cada arranjo de flor podemos sentir a pessoa que o fez.

Há várias escolas de Ikebana. Eu não sou uma especialista, não poderia enumerá-las. Apenas sei que nossa superiora no Japão não amarrava flores nem galhos com pequenos pedaços de metal geralmente utilizados para isso. Ela conseguia colocar as flores como elas eram e ao mesmo tempo equilibrá-las de tal forma que suas hastes se tornavam um sustentáculo para as outras. Assim como nós humanos devemos ser uns para os outros.

Na sala de chá, muitas vezes, colocava apenas um pequeno vaso e algumas flores campestres. Outras vezes um único botão.

E nos contava a história de como Sen no Rikyu, o grande Mestre da Cerimônia do Chá do Japão medieval, surpreendeu o senhor feudal da época, também apreciador do chá e das flores, quando ele foi visitá-lo para ver o seu jardim famoso pelas flores belíssimas e bem-cuidadas.

Ao chegar, o senhor feudal viu que o Mestre de Chá havia cortado todas as flores tão famosa. Furioso, entrou na cabana do chá para uma grande surpresa. No tokonoma (nicho), havia uma única flor. A mais bela de todas. E essa flor era todo o jardim.

A arte, quando conectada com a sabedoria suprema, surpreende e maravilha.

Que possamos todos criar com sabedoria e levar todos os seres à iluminação incomparável.

Mãos em prece.
Monja Coen

Prefácio à primeira edição

Em cada esforço artístico chega o momento em que é preciso tomar consciência dos dois aspectos da arte: o metafísico e o prático, o suprarracional e o racional ou, segundo os termos próprios da filosofia hindu, os aspectos *Prajnâ* ou *Vijnana*. O aspecto prático e racional da pintura (*Vijnana*) consiste no manuseio do pincel, na combinação das cores, no desenho das linhas, em resumo: na sua técnica.

A mera maestria da técnica, porém, não satisfaz; nas profundezas de nossa consciência sentimos que há algo mais a ser atingido ou descoberto. O ensino e a aprendizagem não são suficientes, não nos permitem penetrar o mistério da arte. Pois enquanto ainda não descobrirmos este mistério, nenhuma arte será verdadeira. O mistério pertence ao reino da metafísica, está além da compreensão; surge do *Prajna*, da sabedoria transcendental. O espírito do Ocidente se embruteceu através da técnica com sua análise detalhada, enquanto o espírito do Oriente é eminentemente místico, envolvido pelo assim chamado mistério da existência.

De certo modo, a vida *é* uma arte. Seja ela curta ou longa e sejam quais forem as circunstâncias em que nós tenhamos de vivê-la, todos desejamos torná-la a melhor possível — não só através da melhor técnica para viver, como da compreensão do seu significado. Isso, porém, já implica a apreensão de um vislumbre de seu mistério. Partindo desse ponto de vista, o povo japonês considera cada arte como uma forma de aprendizagem que confere uma percepção profunda da beleza da vida. Pois a beleza transcende todo pensamento racional e utilitário; ela é o próprio Mistério. Nesse sentido, o Zen está intimamente associado às artes, à pintura, à cerimônia do chá, ao arranjo das flores, à esgrima e à arte dos arqueiros, entre outras.

O trabalho do professor Eugen Herrigel sobre *A arte cavalheiresca do arqueiro zen*[1] continua causando grande sensação entre os estudiosos americanos. Numa conferência transmitida pelo rádio sobre "Os segredos do Zen", o professor Gilbert Highet, da Universidade de Columbia, afirmou o seguinte: "Há alguns anos, um editor me enviou um pequeno livro para examinar. Era nada mais que o livro de Herrigel. E, naquela época, pensei: o que poderia estar mais longe da minha vida e da vida de meus amigos do que o Zen-budismo e a arte do manejo do arco pelos japoneses?" Assim, ele deixou o volume de lado.

---

1. Publicado pela Editora Pensamento, São Paulo.

Porém, havia alguma coisa naquele livro que ele "não podia esquecer".

Transcorrido algum tempo, Highet tentou reler o livro. "Desta vez, pareceu-me ainda mais estranho do que antes, ainda mais inesquecível. Começou a associar-se com outros interesses meus, a ligar-se com algo que eu havia lido sobre a arte japonesa dos arranjos florais. E quando, mais tarde, escrevi um ensaio sobre os poemas Haiku japoneses, começaram a surgir outros laços e pontos comuns."

Quando, finalmente, o professor Highet leu o livro na íntegra, tendo aprendido algo a respeito do Zen e da arte dos arqueiros, resolveu dirigir-se à senhora Herrigel. "A esposa de Herrigel" — disse ele — "havia alcançado o grau de mestre em duas das mais belas artes japonesas: a pintura e o arranjo floral". E acrescentou ainda, entre parênteses: "Gostaria que alguém a convencesse a escrever um livro semelhante a respeito do Zen na arte dos arranjos florais. Isso seria de interesse geral." Enquanto o crítico americano formulava esse desejo de que a senhora Herrigel escrevesse esse livro como réplica ao do seu marido, ela já o havia terminado e espero que esta obra seja traduzida para o inglês tão logo seja publicada em alemão.

No Japão, não se estuda a arte apenas pela arte em si, mas também como um meio de acesso à iluminação espiritual. Se a arte não transcendesse seus próprios limites, conduzindo a algo mais profundo e fundamental, isto é, se não se convertesse na equivalência de algo espiritual, os japoneses não a considerariam digna de estudo. Arte e religião estão intimamente interligadas na história da cultura japonesa. A arte dos arranjos florais não é uma arte em seu verdadeiro sentido, mas é a expressão de uma experiência de vida muito mais profunda. As flores devem ser arrumadas de modo que nos façam lembrar os "lírios do campo", cuja magnificência não pode sequer ser superada pela glória de Salomão. Até a modesta flor silvestre — a Nazuna —, que floresce no campo, é contemplada com reverência por Basho, o poeta dos haiku japoneses do século XVII. Pois ela proclama os mais profundos segredos da Natureza, os da arte sem artifícios.

Espero que, ao ler este livro, o leitor seja tocado pelo sopro do espírito.

Daisetz T. Suzuki
Nova York, 1956.

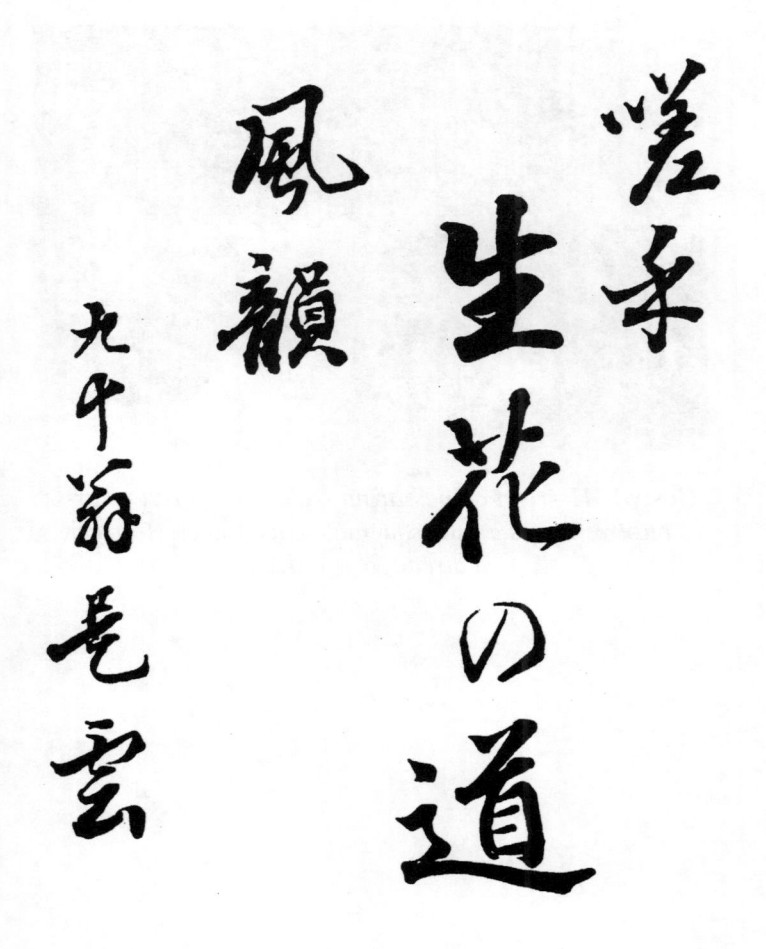

A maravilhosa arte dos arranjos florais.

Gusty L. Herrigel ao passar no seu exame para tornar-se mestre. Vemos à sua esquerda, atrás, Eugen Herrigel e, à direita, o seu Mestre.

Introdução

Desde o nosso retorno ao Japão, no final do verão de 1930, após uma estada de seis anos durante os quais meu marido lecionou na Universidade de Tohoku em Sendai, pediram-me, repetidas vezes, para escrever algo sobre a arte japonesa dos arranjos florais. Vacilei muito antes de tomar a decisão de fazê-lo. O motivo de minha hesitação estava sobretudo no profundo respeito que honra o "silêncio" como uma fonte de força positiva, tão grande como a da experiência adquirida no reino do não saber. Já que, em última instância, só se pode escrever a respeito da "verdade real", porém nunca é possível expressá-la diretamente; pretender revestir o "Caminho das Flores" com palavras poderia parecer um paradoxo. Meu silêncio foi justificado ainda pela reflexão de que o elemento exótico deste domínio, por isso mesmo estranhamente atraente, poderia ser a causa do interesse desperto e talvez não correspondesse tanto a um desejo de penetrar, com paciência e perseverança, no verdadeiro e profundo sentido deste ensinamento, como poderia antes ser mera curiosidade sensacionalista.

Reiterados pedidos continuaram, porém, chegando até mim, comprovando um sério interesse no assunto. E assim, finalmente, tomei a decisão de empreender a tentativa de dizer algo a respeito do espírito do arranjo floral, tentando transmitir em meras palavras o Indizível, o elemento secreto dessa arte. Todo aquele que vive naturalmente essa tradição não tem necessidade nem motivo para justificar racionalmente seus conhecimentos e experiências. É por isso que ainda não foi feita nenhuma tentativa no sentido de escrever algo a respeito do significado mais profundo e do espírito dessa arte. Outro empecilho consiste no fato de que os poucos textos antigos existentes que poderiam, talvez, fornecer alguma informação pela sua reprodução ou pelo seu estilo literário, são extremamente difíceis de decifrar.

Por outro lado, há no Japão poucos estrangeiros que tiveram a oportunidade de adquirir essa prolongada aprendizagem com os Mestres da antiga tradição, e, portanto, de formar uma opinião própria, fundamentada na experiência individual e na transmissão direta. A essa altura, talvez seja oportuno mencionar o fato de que eu tive a oportunidade de estudar essa arte, durante vários anos, através de prolongada prática. Tanto que, em 1929, permitiram que eu prestasse o exame público para alcançar o grau de mestre diante do Mestre Bokuyo Takeda.

Segundo costumes ancestrais, o Mestre vestiu-me solenemente com uma túnica preta incrustada com o seu brasão, em branco. Foi-me conferido o nome artístico de "Lua Crescente" num certificado artisticamente pintado a nanquim. Infelizmente, o baú em que se encontrava o meu diário escrito no Japão, junto com todos os meus outros pertences, perdeu-se mais tarde na Alemanha. Tentarei então reviver tudo mais uma vez, sem o auxílio das anotações.

A Instrução

Saudação

Quando, a princípio, por causa das dificuldades idiomáticas, eu fui obrigada a ter aulas particulares, o Mestre Bokuyo Takeda se prontificou a ser meu professor. Então, uma tarde, ele veio tomar chá conosco, acompanhado do assistente do Instituto Botânico da Universidade, que falava inglês fluentemente. As aulas particulares, assim iniciadas em nossa casa, eram um favor todo especial, para que meu marido também pudesse estar presente. Às vezes, contávamos também com a presença dos psicólogos Dr. Chiba e Dr. Aono. A aula era dada em nossa sala europeia. Permanecer sentados sobre futons durante várias horas, como é costume no Japão, teria sido um esforço considerável para nós.

Este, portanto, era o famoso Mestre Bokuyo Takeda: um senhor alto vestindo um simples quimono de seda, com o habitual casaco curto, cujas mangas eram ornamentadas com o brasão da família. Numa das mãos segurava um leque simples, pintado todavia de modo impressionante. Após várias curvaturas oficiais e cumprimentos de praxe, ocupamos os nossos lugares. O Mestre sentou-

-se amavelmente ao nosso lado, à mesa, para evitar o incômodo de termos de nos sentar nas almofadas baixas. No momento adequado, de acordo com a boa tradição, o criado trouxe uma cesta trançada de bambu contendo pequenas toalhas úmidas e aquecidas, tão agradáveis no contato com o rosto e com as mãos nos dias de calor. Então degustamos o chá cotidiano e refrescante, o *Ban--cha*, em vasilhas delicadamente pintadas e fumamos os habituais cigarros sikishima.

Depois dessa refrescante introdução, iniciou-se a conversa. O Mestre era encantador e contou-nos muitas coisas interessantes, com seu modo vivaz e convincente. Para finalizar, como se fosse uma coroação, ele recitou fragmentos do teatro Nô de um modo inigualável, pois, também nesse campo, ele era um erudito entusiasta. Entretanto, sua fama não se limitava à sua condição de artista, pois também era respeitado como digno representante dos "bons modos". Ele conferia uma importância primordial à formação do caráter, à limpeza, à modéstia e à sinceridade no dia a dia. Sobre o preço das aulas não se falou mais nada, uma vez que é costume regularizá-lo apenas no final do ano. O pagamento é entregue dentro de um envelope especialmente destinado para esse fim e fechado com muito bom gosto. A importância fica a critério do aluno, que a determina com libertade, de acordo com suas possibilidades.

A Primeira Aula

As aulas começaram poucos dias depois da primeira visita do Mestre. Este me enviara, com antecedência, todo o material necessário. Os galhos compridos dos chorões jaziam, atados, num recipiente comprido. Um vaso de bambu de cor natural estava pronto sobre um suporte de laca preta. Ao lado havia uma tesoura de podar que me pareceu pouco prática, uma pequena serra e um pano quadrado de algodão não alvejado para manter tudo limpo, tudo em seu devido lugar; sem esquecer um pequeno regador com água para refrescar e molhar as plantas, uma vez arrumadas.

O cordão que prende o pacote de chorões é solto cuidadosamente, sem se usar a tesoura, sem puxar ou cortar, sem a menor impaciência ou desordem. O cordão é enrolado com cuidado em volta do dedo e suavemente colocado sobre uma bandeja. Tudo decorre num silêncio independente do tempo, e cada movimento da mão é executado com precisão, sem o menor ruído. A concentração no trabalho em si já havia começado.

De uma madeira flexível corta-se uma forquilha — denominada kukari — para dar suporte aos galhos que serão arranjados no vaso. Essa forquilha é cortada de acordo com a espessura dos ramos e é firmada no meio do vaso, numa profundidade de um a dois centímetros.

Segue-se uma observação contemplativa de cada um dos galhos soltos. Cada galho é observado minuciosa e carinhosamente e é testado pela sua maleabilidade e cur-

vatura natural. Surge, assim, aos olhos do Mestre, a imagem a ser moldada. O primeiro galho é então apalpado cuidadosamente em toda a sua extensão, e sua maleabilidade é testada em vários pontos para que se possa dar-lhe a forma pretendida com o menor esforço, e sem danificá-lo. A essa altura, é importante considerar qual das três ramificações principais este galho, em particular deve personalizar, qual deverá ser o seu lado de "luz" e qual o seu lado de "sombra". É preciso levar em consideração a inclinação natural do galho, e aqui muito se deve à intuição de quem vai fazer o arranjo floral. Disso resulta um envolvimento de tensão interior com ele. Sua elasticidade varia. O galho só adquirirá sua forma, sem esforço e sem precisar de alteração posterior, como se já tivesse nascido assim, quando realizarmos todo o processo corretamente. É preciso uma longa prática até adquirir essa sensibilidade e a compreensão de que este modelar é, em si, uma arte extremamente sutil. Com movimentos suaves e lentos faz-se uma leve pressão em vários pontos e o galho é inclinado, adquirindo a forma desejada, ou, então, é encurtado ou desbastado. A planta é manuseada com tanta

Formas Básicas dos Esquemas

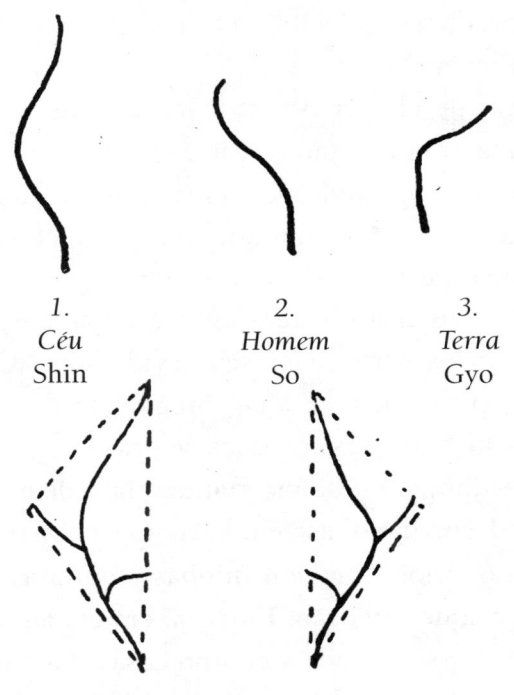

1.	2.	3.
Céu	*Homem*	*Terra*
Shin	So	Gyo

Opção da forma básica direita ou esquerda.

1. *Lado direito*
(hon doko)
a Terra fica à direita

2.
Lado esquerdo
(gyaku doko)
a Terra fica à esquerda

delicadeza que se poderia pensar que ela não deve sentir a mais leve dor, até finalmente adquirir a forma desejada.

A princípio, só se arrumam os três galhos principais — um mais alto, outro um pouco mais curto e o outro baixo. As pontas dos galhos devem formar um triângulo entre si. Quando dispostos do modo adequado, os três galhos produzem o efeito de um só, abrindo-se em diferentes direções.

Depois de encher o vaso com água, este é colocado sobre uma grande estante situada num lugar tranquilo e ventilado do aposento que merecerá recebê-lo. Nas casas japonesas, esse lugar é o tokonoma, um nicho construído na parede especialmente para esse fim.

Então, são estabelecidas as tarefas para a próxima lição, e tudo é arrumado em seu devido lugar. Com isso se finaliza a primeira aula. Mais um gole de chá quente, um cigarro sikishima e as cortesias de praxe.

Foi estranho e desconcertante o fato de esta primeira aula ter decorrido quase em silêncio, sem nenhuma preparação anterior. Também minhas perguntas não mereceram qualquer atenção. Então já era evidente que uma ênfase maior seria dada à compreensão e à comunicação silenciosas. Durante longos intervalos, o intérprete devia contentar-se com o papel de mero espectador. Seus serviços, porém, eram necessários na entrega do Livro das Regras, para traduzir os interessantes caracteres desse venerável documento.

A tarefa para a próxima aula consistia em arrumar três galhos em linhas semelhantes, de modo que se sustentassem firmemente no kubari, como se crescessem de um único tronco, mantendo seu equilíbrio no vaso alto. Para isso, pode-se separar os ramos já escolhidas pelo Mestre, tentando recolocá-las na mesma posição — ou, em outras palavras, copiá-las. Mas também se pode arrumar alguns galhos frescos num outro vaso, seguindo o modelo elaborado pelo Mestre.

Eu havia observado e seguido o exemplo da primeira aula com o olhar ávido do principiante. Como tudo parecia simples e fácil! "Em poucas aulas", pensei, "serei capaz de dominar todos os detalhes", principalmente porque a arrumação das flores em vasos sempre fora a minha ocupação predileta e também porque não me faltava inclinação para a criação artística.

Quando, porém, comecei alegremente a modelar e a prender a forquilha de madeira, logo compreendi que esse trabalho necessitaria de tempo e paciência, bem como da correta disposição e equilíbrio dos galhos altos. Depois de experimentar e praticar com afinco, ansiava pela próxima aula com orgulho e satisfação. Lá estava o vaso de bambu, ornamentado em todo o seu esplendor!

A Segunda Aula

O Mestre Bokuyo Takeda trouxe consigo alguns cadernos de papel finíssimo, embrulhados com esmero e maravilhosamente apropriados para a pintura a nanquim. Desse modo, ao final de cada aula, tínhamos criado pequenas obras-primas, réplicas exatas dos nossos arranjos florais. O nome da planta era escrito ao lado, em requintada caligrafia.

Como na ocasião anterior, também desta vez bebemos o chá refrescante. Só após a troca de palavras muito

Genista.
Seikwa da planta Genista, de três partes.

amáveis chegou o momento de voltar a atenção para os ramos. O Mestre examinou meu trabalho com expressão amistosa, porém impassível. E então, sem maiores explicações e muito gentilmente, retirou os galhos do vaso. Isso significava que meu desempenho não havia sido absolutamente satisfatório. A seguir, o Mestre tornou a arrumar os galhos, colocando-os de volta no vaso.

A princípio, fiquei desconcertada, pois achei essa maneira de proceder muito estranha. Porém, rendi-me aos fatos, na intenção de chegar até as raízes do processo, mesmo sem estar muito convencida. Essa conduta inexplicável parecia contradizer a tão refinada cortesia do Mestre. Por que ele não podia adaptar-se, nesse caso, à mentalidade europeia — que não aceita a pressuposição de não saber fazer nada?

Enquanto isso, o jardineiro havia trazido alguns chorões recém-cortados. Depois de arrumá-los e pintá-los, de tomar o chá e fumar os sikishimas despedimo-nos do Mestre até a próxima vez. Como esta aula passou depressa!

A Terceira Aula

Pratiquei com muita perseverança até a aula seguinte. Não queria que se repetisse o acontecido da última vez.

Entretanto, mesmo nas aulas seguintes, a idiossincrasia e a originalidade pessoais na realização de novas tentativas obtiveram pouco reconhecimento. A firmeza do Mestre e sua evidente superioridade levaram-me a questionar cada vez mais os meus próprios pensamentos e gestos. Seria preciso tornar-se bem pequeno, até alcançar a estaca zero do próprio ser?

Nas aulas que se seguiram, coloquei todo o meu empenho em observar com atenção, tentando discernir onde poderia residir o segredo do sucesso. E mais uma aula já havia terminado! O horário quase não contava mais; às vezes, o tempo dedicado à prática era maior, outras vezes era mais breve.

A princípio, o trabalho assemelhava-se a uma simples imitação ou uma atividade mais ou menos regida pela vontade. A partir do centro, do plano interior, nada acontecia. A pergunta de como se poderia obter essa interioridade suscitava a mesma resposta, aparentemente monótona: só copiando e recopiando os modelos, tantas vezes e tão fielmente quanto possível. Ainda que eu acreditasse nesse conselho, não o entendia muito bem. E mesmo assim, as aulas não eram absolutamente monótonas: havia sempre novos ramos e folhagens no jogo de luzes e sombras. Os galhos de chorões são muito adequados para o principiante, pois são fáceis de moldar e têm um atrativo especial: eles se destacam no meio das pequenas flores. Contudo, também é muito agradável trabalhar com plantas de folhas grandes, tais como a aspidistra e a *rhodea japonica* que, apesar de completamente verdes, nunca têm efeitos monótonos ou enfadonhos, se prestamos a devida atenção à disposição de seus filamentos e ao efeito de luz e sombra.

Muitas e muitas vezes tivemos a oportunidade de comprovar as diferentes combinações e mudanças a que se presta o básico "Princípio do Três".

Resultado das Aulas Seguintes

As lições transcorriam silenciosas, pois, no Oriente, sempre se valorizou sobremaneira a comunicação "em silêncio" ou, mais precisamente, a transmissão "de coração a coração". Os orientais pensam que o espírito do ensino só pode ser protegido da rigidez dogmática através de uma transmissão pessoal. Por outro lado, procede-se com grande cautela para que as regras consideradas sagradas pelo Mestre e as experiências que adquiriu com tanto esforço não cheguem ao conhecimento de pessoas incompetentes. Do mesmo modo, seria uma tarefa audaciosa tentar comunicar o verdadeiro significado por meio das palavras. A maneira original de comunicação era, portanto, denominada "o modo secreto". O ensinamento era transmitido de pai para filho, do professor para o seu discípulo predileto. O primeiro requisito era uma afinidade espiritual entre ambos e, sobretudo, a comprovada habilidade do aluno para aprender os ensinamentos do Mestre de modo intuitivo.

Este é o principal motivo de existirem comparativamente tão poucos textos a respeito dos arranjos florais e a razão pela qual eles se limitam a ilustrações ou a sugestões práticas. Em sua maioria, apenas resumem as instruções a serem seguidas na cerimônia do arranjo das flores.

Begonia evansiana.

Três hastes de uma begônia com folhas bem distribuídas. Plantada de modo a dar uma impressão de ligeira oscilação natural. Este arranjo de centralização moderada chama-se simplesmente Seikwa.

Sobre o sentido secreto dessas instruções, os textos mal dizem uma palavra. Até os Livros das Regras se limitam a proclamar que o "verdadeiro" ensinamento dos Mestres há muito falecidos pode ser reconhecido e experimentado novamente com o auxílio do Mestre atual. Fala-se muito pouco sobre o verdadeiro ensinamento em si. Assim, por trás da transmissão "de coração a coração", existe a intenção oculta de não permitir que o aluno aprenda um ensinamento específico de cor, a intenção de não lhe fornecer conhecimentos pré-fabricados ou determinados truques, mas sim a intenção de despertar nele o dever de descobrir o espírito do arranjo floral através de sua própria experiência.

Isso explica por que um bom Mestre rejeitará repetidamente o trabalho do aluno, e muitas vezes sem lhe mostrar qualquer motivo plausível. Pois o verdadeiro conteúdo do trabalho se revela apenas para os que são realmente capazes de vivenciá-lo, para aqueles que sabem como aprendê-lo, uma vez a seu alcance. O "verdadeiro espírito" do ensinamento não pode ser expresso com palavras. Estas, quando muito, são simples pontes que conduzem ao ensinamento. Pois, como disse Lao-Tsé: "Aquele que fala, não sabe; aquele que sabe, não fala." O Mestre deve, portanto, limitar-se a confeccionar um modelo como exemplo, diante aos olhos do discípulo.

A tarefa do aluno é, partindo desse modelo, apreender a sua essência última e, conforme o que vê, penetrar no Invisível que fundamenta o visível.

Após anos de prática, o discípulo talvez possa chegar a despertar dentro de si uma atitude espiritual que possibilite realizações, sob todos os aspectos, resistentes ao tempo. Mas até os esforços mais primários são aceitos e elogiados pelo Mestre, sempre e quando sejam capazes de comunicar algo "arquetípico". Um arranjo que seja apenas tecnicamente irrepreensível, que não encerre nada mais do que isso, deixa o Mestre indiferente e frio; ele se comporta como se estivesse morto.

O Mestre segue esse método de instrução com o propósito de comunicar a seus discípulos o "espírito vivo", de modo que, pouco a pouco, possam evoluir nessa atmosfera espiritual, permitindo o florescimento e o amadurecimento da experiência original e criativa.

Assim agiu o Mestre Bokuyo Takeda comigo.

Desse modo, durante vários anos, ele compareceu todas as semanas à nossa casa, escondida entre os altos arbustos e entre as árvores de cerejeira, às margens do rio Hirose. Que beleza observar aquela serenidade de movimento e a facilidade despreocupada com que cada nova estrutura ia tomando forma em suas mãos, num ritmo único, interligando a Natureza, a vida e a arte! No final de cada aula, não era com uma parte de uma planta que nos deparávamos, e sim com um todo valioso e organicamente desenvolvido.

Às vezes, as plantas balançavam, como que acariciadas pelo vento, ou como pessoas se movendo ritmicamente, numa dança fluida e serena. Podiam erguer-se como que fustigadas pela tempestade, ou então, dependendo da estação, vestidas de festa, ondulando graciosas na primavera; ou sombreadas pelo incandescente jogo de cores do outono.

O exemplo humano do Mestre, entretanto, era tão efetivo quanto o seu trabalho e conferia um significado particular às aulas. Em nenhuma aula o Mestre omitiu a advertência verbal ou silenciosa de cultivar a atitude correta em relação ao mundo, numa conscientização sempre crescente. E ele era convincente, justamente porque vivia conforme esse preceito.

A exigência de prestar atenção é mais importante do que a excessiva atividade. E também não é suficiente empreender o trabalho como se fôssemos tomar o "chá das cinco". O arranjo das flores não é um passatempo; seu propósito não é a mera distração. É preciso um recolhimento prévio, começando, já de manhã, a realizar todas as atividades cotidianas sem alvoroço, sem pressa, imprimindo-lhes uma expressão de equilíbrio e de harmonia interna. Essa atitude deve tornar-se tão natural a ponto de converter-se numa segunda natureza. Pode-se dizer que o "trabalho interior" do arranjo floral deve seguir o ritmo do trabalho exterior. Só assim poderá existir o todo, que engloba o céu, o homem e a Terra. O momento destinado ao arranjo floral deve fazer parte da rotina cotidiana, não é uma coisa à parte. E, na verdade, não é fácil trilhar o singelo Caminho das Flores desde a manhã até a noite!

O Mestre observa tudo, nada lhe escapa. Suas observações lhe servem de orientação para determinar as tarefas posteriores. Ele vai passando lentamente para o arranjo de cinco, de sete, de nove ramos; vai concedendo maior liberdade ao discípulo porque já não precisa temer que este a utilize de modo impróprio

Trabalhar nessa modelagem de cores e ramos pode ser muito emocionante. O essencial, porém, é sempre o "Princípio do Três" como medida e termo médio da estrutura, da experiência e da visão interior. Por isso, a prática dessa arte não chega a um término, nem mesmo depois de muitos anos. A pergunta espantada dos estrangeiros: "Como, ainda continua com isso?" comprova a superficialidade de sua opinião. O bom aluno compreende, finalmente: quanto mais tempo, melhor. Nesta escola não há uma "graduação" no sentido ocidental. Mesmo a montagem de apenas três galhos — aparentemente a mais fácil —, quando faz jus ao "coração universal", pode ser extremamente difícil.

O aluno avançado compreende tudo isso, e o vê materializado diante de si, nas diversas exposições públicas. Justamente nessas ocasiões, o Mestre não exibirá uma obra de arte que chame a atenção; porém, talvez coloque numa tigela bem simples um pequeno ramo coberto com líquens, uma pequena quantidade de grama, alguns talos, um pouco de musgo. Com os meios mais simples ele obtém uma estrutura natural que convence pela sua mera presença e que fala por si, sem pretender o reconhecimento valendo-se de cores fascinantes. A sugestiva palavra japonesa *shibum*, cuja tradução pode ser "genuíno", "verdadeiro", "simples", "casto", ou "nobre", define tanto o Mestre como a sua arte. Daí seu título honorífico: Bokuyo, o Simples, o Singelo.

Exposições Florais

Ao final de cada curso anual, o Mestre organizava exposições florais. Todos os alunos participavam. Os trabalhos eram dispostos em fileiras, numa grande sala — por vezes, num salão de chá. Diante de cada vaso era colocada uma placa de madeira alongada em que figurava o nome do aluno. O Mestre também participava, porém o seu trabalho ficava escondido entre os outros e não era colocado na primeira fila. E, como já mencionei antes, seu trabalho era tão discreto que nem chamava a atenção. Contudo, uma vez descoberto entre os outros arranjos, não se podia fugir à impressão que causava.

É natural que, como europeu, as primeiras lições de arranjos florais sejam encaradas com um afã vivo e desinibido e com grande sentimento de autoconfiança. E, de fato, além da habilidade manual e do gosto artístico, não poderiam essas qualidades ser consideradas como vantagens particularmente desejadas? Entretanto, o iniciante que pensa assim já é assaltado por uma sensação de perplexidade desde as primeiras aulas. Ele se vê incapaz de estabelecer um contato mais íntimo com essa arte, se sente desprovido de um relacionamento interior com as suas

Picea *(yezo-matsu)*.
Seikwa composto de sete ramos.

bases. Se desejar penetrar até suas raízes, terá de decidir se ele foi apenas atraído pelos elementos artísticos e estéticos ou se procurou vivenciar a natureza abrangente e total dessa arte. No segundo caso, terá de admitir, repetidas vezes, que deve reiniciar como uma criança, que qualquer ambição seria um obstáculo e que qualquer pretensão de originalidade individual impediria o caminho do desenvolvimento. E, pequeno e modesto, ele deve desviar o olhar do seu próprio ego, de modo a poder trabalhar tão tranquila e desprendidamente como o exige a atitude espiritual oriental.

A princípio, todo o centro de gravidade parece repousar nessa perfeita sintonização preparatória. Pois mesmo aquilo que se inicia como principiante, na medida em que falta este último requisito, parecerá errôneo aos olhos do Mestre. Este já constatou, pelo seu próprio exemplo e pelos dos demais, como a inquietude, a pressa e a impaciência trazem apenas discórdia à vida e ao meio ambiente. O Mestre ouviu o som das plantas, no vento e na tempestade, viu como elas cedem, inclinando-se e balançando, como deixam tranquilamente que tudo passe sobre elas, permanecendo incólumes.

Como já mencionei antes, a execução em si é de importância secundária se comparada à atitude interior. Na medida em que o discípulo vai reunindo a coragem suficiente para a necessária autodisciplina e que esta acompanha a sua habilidade artística, não só como artista, mas também como ser humano, ele encontrará uma afinidade especial em relação à sua execução e à sua criação, firmemente interligadas à harmonia interior.

O europeu depara-se, de imediato, com a dificuldade de entender por que ele deve primeiro moldar-se a um padrão, para só então poder criar, prescindindo dele. Mas, pouco a pouco, ele começa a compreender, e talvez também a experimentar, que essa "adaptação", na realidade, é um trampolim para a verdadeira criatividade. A melhor maneira de explicar esse processo é através de uma ilustração: um nadador só pode deixar-se levar pelas águas quando domine, brincando, a sua técnica.

Mas um aluno adiantado nunca se contentará em apenas copiar a arte e o temperamento do Mestre. Tanto o conhecimento como o desenvolvimento crescente são imprescindíveis e não podem nem ser imitados mecanicamente, nem experimentados em segunda mão. Pois, tão logo as regras venham à tona, o modelo, que a princípio surge apenas como forma exterior, converte-se no molde interior do arranjo floral e da própria vida.

Tudo aquilo que, a princípio, ele procurava e era pouco claro, torna-se evidente para o discípulo, assim que o botão de flor se abrir para o aluno que está amadurecendo. Até as regras encontram sua aplicação na vida cotidiana, numa adaptação voluntária às exigências de cada dia. Assim, é evidente que a formação e o conhecimento do próprio caráter andam de mãos dadas com a expressão de criatividade, nessa "delicada" arte do arranjo floral. A técnica em si não é tão difícil, nem é o fator decisivo.

A habilidade chega de modo espontâneo através dos vários exercícios que o aluno terá de fazer. E, portanto, a atitude descontraída e, ao mesmo tempo, de grande interesse, pode ser comparada à brincadeira sonhadora de uma criança, à devoção de um crente ou à visão intuitiva de um artista.

A Instrução Coletiva

O lugar sobre o qual eu gostaria de falar fica no centro da cidade universitária de Sendai, a uma distância de, quando muito, meia hora do mar, próxima de Matsuchima, uma das mais belas entre as milhares ilhas japonesas, toda coberta de pinheiros. Ali, cercada por um jardim primorosamente cuidado, encontrava-se uma casa construída ao antigo estilo japonês. Era a residência do Mestre Bokuyo Takeda, o lugar onde ele dava os seus famosos cursos. Tanto os iniciantes como os alunos mais adiantados podiam participar dos cursos, que eram ministrados numa grande sala. Cada um era esclarecido e iniciado a seu modo. Nessa casa, durante várias décadas e em vários dias da semana, desde a manhã até a tarde e ao anoitecer, o Mestre esteve à disposição de seus inúmeros alunos ávidos por conhecimento.

O número de alunas superava, e muito, o dos alunos, ainda que, em sua origem, a arte das flores fosse praticada por homens. Durante vários séculos, foi bastante valorizada no meio dos cavalheiros e dos Samurais. Mais tarde, isso se modificou, pois era esperado que toda moça

Camélia (tsubaki).
Seikwa composto de cinco galhos num vaso cloisonné.

japonesa soubesse conviver com as flores. Saber ornamentar os aposentos da casa da família era, e ainda é, um dos deveres da mulher casada. Como vim a descobrir, a necessidade de manter esse bonito costume não se arrefeceu com a Segunda Guerra Mundial, mas, ao contrário, se fortaleceu e se ampliou. Os Mestres continuam a visitar, como antes, os aposentos das casas bem-cuidadas, emitindo sua opinião sobre a forma com que a dona de casa usa as flores para decorar o *Tokonoma*. Atualmente, até as grandes empresas, os bancos e as fábricas oferecem aos seus funcionários a oportunidade de, no horário livre, orientados por conhecedores bem treinados, dedicarem-se a esta tão nobre arte, cultivando-a e, ao mesmo tempo, concentrando-se e diminuindo a tensão.

Na casa do Mestre Takeda, cada aluna podia escolher o dia e a hora de suas aulas, de acordo com suas tarefas, domésticas ou outras quaisquer. Havia moças a partir de dezesseis anos e mulheres casadas de todas as idades; a qualquer hora do dia, com certeza seriam encontradas de dez a quinze alunas. O preço das aulas era tão exíguo que qualquer pessoa podia pagar por sua participação. As idas e vindas sobre o tatame que forrava o chão eram tão silenciosas quanto o próprio trabalho. Muitas moças frequentavam essas aulas durante vários anos, de modo a penetrar cada vez mais profundamente nos últimos segredos dessa arte tão difícil, porém tão delicada. Quando uma aluna entrava na sala de aula, primeiro se ajoelhava, apoiando-se sobre as palmas das mãos, e inclinava-se silenciosamente diante do Mestre, quase tocando o chão com a testa. Cumprimentava as demais alunas presentes com uma segunda inclinação profunda, e buscava um lugar vago na sala, onde se sentava de pernas entrecruzadas sobre um futon, ao estilo japonês. Colocava diante de si um vaso de bambu ou de metal — que geralmente lhe pertencia — sobre uma pequena tábua preta e quadrada. O vaso era escolhido segundo o tipo de ramos ou flores a serem utilizados, e que jaziam atados ao seu lado.

A aluna desfazia o feixe com cuidado, examinava os ramos e as flores atentamente, até encontrar os que lhe pareciam mais adequados, e começava a dar-lhes a forma que deveriam adquirir no conjunto do quadro. Profundamente concentrada em si mesma, ela tentava alcançar o estado de espírito em que é possível tornar-se uma coisa só com o próprio coração da flor. No decorrer de sua longa experiência e treinamento, ela descobre que isso não é apenas uma figura retórica e que só quando se alcança essa verdadeira união — a do próprio coração com o da flor — e, por conseguinte, com o "coração universal", como os Mestres das flores japoneses expressam de modo tão feliz e belo, é que ela repousa naquele silêncio imóvel do qual emana a criação espontânea, desprovida de qualquer intenção. Sua obra reflete, bem visível aos olhos experientes do Mestre, o fato de essa união ter sido alcançada, de não ser apenas uma mera ilusão decepcionante. A expressão impassível da máscara que a japonesa assume com frequência subitamente adquire vida nesse estado de união, tornando-a bela, como que interiormente iluminada.

Quando a discípula considera sua tarefa terminada, entrega o vaso ao Mestre. Porém, no decorrer do trabalho, ele também circula pela sala, observando e incentivando aqui e ali. Ele examina o vaso, geralmente em silêncio, recusando-o com um gesto, ou o desfaz, melhorando algumas partes e compondo-o de novo. A aluna agradece com uma reverência, retorna ao seu lugar com o vaso e o estuda intensamente, para descobrir o que poderá ter feito de errado. Quando acha que descobriu onde estava a falha, pega novos galhos, e recomeça; ou então desfaz o arranjo e o compõe novamente, quando não dispõe de ramos frescos. Ela só deixa a sala de aula com o consentimento do Mestre.

Algumas participantes, especialmente as mais jovens, descobrem algo extraordinário: a princípio, a presença de tantas outras discípulas é perturbadora, e elas seguem cada um de seus movimentos — mesmo que só com o canto dos olhos, ou então se distraem com as cores brilhantes dos quimonos. De fato, cada ruído desnecessário é evitado, e as plantas e ferramentas são manuseadas num silêncio quase absoluto. Porém, o mero interesse pela maneira que os outros trabalham já pode ser motivo de distração. Só pouco a pouco a aluna se acostuma a sentir que nada é importante e que nada deve perturbá-la, e descobre, com grande satisfação, que quanto mais se concentrar no próprio trabalho, mais raízes criará. No

Aster tartaricus (*shion*).
*Seikwa composto de três galhos em flor, emoldurado
por cinco folhas ornamentais num vaso simples
de porcelana sobre uma pequena estante.*

caso de barulhos estridentes provenientes do exterior que eventualmente penetrarem na sala de aula, esses passarão então despercebidos. Desse modo, chega-se a compreender que a condição indispensável dessa arte, assim como de qualquer outra arte japonesa, é a permanência numa quietude ininterrupta. E, mais ainda, aprende-se que isso também é realmente possível quando se conseguir força para a prática diária, não se permitindo o desânimo diante de nenhum fracasso.

A concentração diária, mesmo se for de apenas meia hora, é a melhor maneira de equilibrar o desenfreado ritmo de vida cotidiano e o dinamismo mental que só dispersa, em vez de reunir. Você só descobre de quanto tempo dispõe quando deixa de pensar que não dispõe de tempo algum.

As Normas Básicas

O mais difícil de conseguir é, provavelmente, a perseverança necessária à prática prolongada que dura toda uma vida, além do estudo obrigatório. Pois aprender de cor as formas tradicionais comuns dos arranjos florais ou copiá-las mecanicamente é algo que pode ser feito num lapso de tempo relativamente curto. Porém, aquele que a levar a sério, descobrirá que a arte das flores evoca e exige uma lenta mudança e um amadurecimento interiores. Só então se percorre realmente o "Caminho das Flores". Todo o resto está relacionado com esse requisito essencial. Pode ser que essa atitude pareça muito ingênua e, por isso, passe facilmente despercebida. Talvez se tenha uma ideia vaga e imprecisa desse procedimento, e se preste atenção às diversas possibilidades que se pretende aprender e dominar logo, na suposição de que o resto virá por si só. Que grande erro! Quem possui mãos hábeis e um interesse verdadeiro pelas formas poderia dominar a técnica exterior. Porém, quanto mais se avança, mais se percebe o quanto tudo depende de se considerar seriamente os preceitos básicos, e tanto mais se percebe que não se pode criar nada de completo sem seguir esses requisitos "ingênuos" com muita perseverança.

Uma das peculiaridades do Extremo Oriente é começar com algo pequeno e modesto, que não seja evidente, mas que deve ser praticado tantas e tantas vezes, até que não haja mais nenhuma imperfeição, até que seja assimilado pelo praticante, passando a fazer parte da sua individualidade. Os primeiros passos são os mais difíceis. Quem fracassar nesse ponto, não progredirá. Portanto, a única possibilidade é começar com muita simplicidade. Não se trata de uma aprendizagem de rotina ou de um exercício de manipulação, e sim de uma escola de experiência. A técnica deve ser assimilada, porém não superestimada. O fator decisivo é praticar com o coração, com a totalidade harmoniosa do corpo, da alma *e* do meio ambiente. A presença do Mestre sempre facilita o novo reencontro da "verdadeira" atitude harmoniosa, necessária para compreender a natureza do "Caminho das Flores" e para percorrê-lo corretamente.

O significado do número três é importante, não apenas no manuseio das plantas, mas também nas relações com os outros homens e com o mundo animal. O aluno deve se esforçar para tratar cada criatura de modo justo, de acordo com a sua natureza. Ele alcança essa atitude de modo intuitivo, pois o exemplo e a mera presença do Mestre lhe infundem convicção e lhe mostram o caminho. Compreendido assim pelo praticante e intuído pelo observador, a ideia do "Princípio do Três" se desenvolve incessantemente através de novas formas.

A linguagem simbólica dos três ramos expressa, respectivamente, o céu, o homem e a Terra. Não nos fala apenas do seu lado exterior. No núcleo do seu ser oscila o eterno ritmo de forma e de conteúdo, de substância e de vazio. O espectador — o próprio homem — fica no centro, e nesse círculo talvez receba até um vislumbre da eternidade. Enriquecido por essa experiência, o aluno pode alcançar a paciência e a perseverança necessárias para se instruir. Ele reconhece que o olhar para além de "si mesmo" conduz ao grande desapego e à serenidade, ao recolhimento interior e à quietude em si. Compenetrado na eficácia dessa atitude, ele a adota fora de suas horas de prática, até nos mais pequenos passatempos e expressões do seu cotidiano. Ele vive a partir de seu centro, exemplificado pelo Princípio do Três como símbolo da totalidade no arranjo floral: o "Homem" (*So*) encontra-se na posição do meio, entre o "Céu" (*Shin*) e a "Terra" (*Gyo*).

O Mestre

Palavras do Mestre

Em memória do meu venerado Mestre Bokuyo Takeda, transcrevo suas palavras para que estas e os seus ensinamentos falem por si mesmos:

"O homem e a planta são mortais e mutáveis; o significado e a essência do arranjo floral são eternos."

"Deve-se buscar a forma exterior a partir do interior."

"O material usado não é de importância. Só o pensamento correto conduz a Deus; deve-se oferecer sacrifícios tendo isso em mente."

"A beleza unida à virtude é poderosa."

"A mera beleza não leva a nada; ela só se completa em uníssono com o sentimento verdadeiro."

"O correto manuseio das flores aprimora a personalidade."

"Reine na sua casa com paz, autocontrole e justiça."

"Siga de modo obediente a autoridade e os pais."

"Não seja negligente no lar ou na profissão."

"Cultive a amizade com sinceridade e nobreza de sentimentos."

O Princípio do Três

Conforme o Princípio do Três, o Universo pode ser dividido em três reinos, quando, sem mais nem menos, na essência é um só: o mundo do céu, o da Terra e o dos homens. O Princípio do Três, que constitui a base do arranjo floral, tem suas origens no Budismo. E um princípio espiritual como já foi mencionado, tem um significado cósmico. A ideia do número três no Budismo emigrou da Índia para o Japão através da China. Os sacerdotes fundadores do culto das flores articularam essa tríade e a agregaram à sua estrutura básica, junto com os números ímpares mais ou menos significativos, como veículos do pensamento religioso. Essa articulação reflete o sentido profundo e a expressão da lei cósmica e da evolução. O ponto de partida do Três tornou-se, cada vez mais, o ponto central de uma estrutura que acabou se ramificando na arte. No Princípio do Três o indivíduo se "posiciona" diante de si próprio e, ao mesmo tempo, diante do outro — pois o coração da flor, o coração do homem e o coração do Universo são uma coisa só. O homem vive em comunhão essencial com a planta, assim como com o Universo inteiro. Ele é o veículo do espiritual assim como do terreno, e tudo forma a inquebrantável tríade na unidade.

No ciclo do Princípio do Três, o homem se posiciona entre o céu e a Terra. Ele é alimentado com raízes aéreas e sustentado por raízes terrestres. De modo que, ao mesmo tempo, ele é uno com o "coração universal" e com o "fundamento" primordial. Ele vive a partir do seu próprio centro, que para ele equivale ao centro do mundo, assim como ao centro do todo. Da mesma maneira que a sua individualidade não intencional sintetiza a verdade do próprio céu, a força que faz crescer as flores é a mesma que conduz a mão espiritual no arranjo floral, e a que se nutre diretamente do "coração universal". O verdadeiro discípulo não se afasta do mundo nessa arte, nem foge dele; pelo contrário, vive do núcleo do processo universal e, por isso, tem ambos os pés apoiados na Terra. Ele aceita — seja o que for — como destino. Realmente, ele gosta de viver no mundo, e não o rejeita. O mundo é a moldura dentro da qual o seu próprio ser se torna uma realidade.

Este Princípio do Três contém, em sua estrutura assimétrica, a ação recíproca da Plenitude e do Vazio, da vitalidade e do desapego, e encerra em si todo o ciclo. Através de seu trabalho, o discípulo concede à totalidade céu-homem-Terra um novo "desdobramento" em unidade visível e em forma simbólica. Ele implanta no seu trabalho as limitações do seu Eu, e as nivela. Como ele participa com a plenitude do seu próprio ser, o pequeno eu perde a importância diante de todo o cosmos, abrindo espaço para o não eu.

O europeu poderia, a partir de seu ponto de vista, formular isso da seguinte maneira: uma vez superadas as diferenças, o caminho é desenvolvido por si mesmo e fica livre para o todo. A partir desse ponto, o discípulo não se adaptará mais ao esquema: ele esquecerá o Princípio do Três. Este deixará de existir, assim como também se-

Narcissus (*suisen*).

Arranjo formal Seikwa — Três ramos, cada qual com quatro folhas, cujas pontas estão voltadas para as flores. As folhas foram separadas e reagrupadas deste modo: as mais altas voltadas para fora e as mais baixas voltadas para dentro.

rão esquecidas as etapas intermediárias que conduzem à origem eterna. O pintor zen japonês, Shubun, que viveu no século XV, retomou os antigos motivos dos velhos quadros de pastores de gado que narram e ilustram este "novo modo de ser", e lhes deu nova vida em suas telas.

Do Livro das Regras

Os mais importantes rudimentos para as atitudes interior e exterior condizentes com o arranjo floral são traçados para o discípulo em um Livro de Regras:

"Tenha uma conduta correta no decorrer das aulas e dispense conversas supérfluas."

"É impróprio comportar-nos como se soubéssemos mais do que sabemos na realidade; é muito melhor agir com modéstia."

"Você de nada deve se orgulhar; ainda existem degraus mais altos do que aquele em que você se encontra."

"Quando alguém é hábil no arranjo exterior das flores, mas não possui o refinamento da delicadeza artística e humana, será, apesar de tudo, um ignorante."

"Aquele que é capaz de embelezar um aposento com harmonia e bom gosto, ao ornamentá-lo com flores, deve ser considerado hábil, mesmo se o seu modo de ajeitá-las for pouco hábil."

"Considera-se uma gentileza não executar nenhum movimento apressado ou brusco."

"Deve-se cuidar das plantas com ternura."

"Não espere das flores mais do que a sua natureza pode oferecer."

"Não menospreze as outras escolas, porém extraia delas tudo o que contêm de bom. E deixe para trás tudo o que for ruim, mesmo se provier da sua própria escola."

"A superficialidade sempre leva ao erro."

"Os Mestres da Antiguidade eram verdadeiros instrutores. Devemos reconhecê-los claramente através dos professores atuais."

Congresso de Mestres

Em 1928, fui testemunha de um convite que o Mestre Takeda fez aos principais Mestres das Flores para participarem de um congresso em Sendai. Cada um deles deveria colaborar com exemplos práticos que demonstrassem a sua maneira particular de interpretar essa arte. Todos os dias, a partir das primeiras horas da manhã, exibiam suas obras em requintados vasos. Uma ininterrupta corrente de visitantes, com seus olhos entendidos e reverentes, não se cansava de admirar a assombrosa variedade de modulações e variações sobre um mesmo tema, expresso em formas magistrais.

No oitavo dia, os Mestres se reuniram pela última vez. Em seus discursos de despedida também lamentavam ter de retirar as flores de seus vasos todos os dias ao anoitecer, para que estes estivessem vazios, aguardando as tarefas do próximo dia. Por esse motivo, as flores não podiam desabrochar completamente. Seu tempo de vida como criaturas vivas era encurtado; não podiam aperfeiçoar-se até o ponto em que a maturidade se transforma na beleza particular do murchar. Os Mestres decidiram então festejá-las num ato solene tradicionalmente realizado desde épocas remotas: as flores são cortadas e jogadas fora quando murchas ou, segundo um costume ainda mais antigo, lançadas às ondas do mar.

Num consenso geral, foi decidido enterrar as flores no jardim do Mestre Takeda e colocar uma placa comemorativa com a seguinte inscrição na parte da frente: "Às almas das flores sacrificadas." Na parte de trás gravou-se o nome dos Mestres participantes. Descobri mais tarde que o meu nome também tinha sido incluído.

A Transmissão do Ensinamento

Eram guardados no mais absoluto segredo não só o conteúdo puramente espiritual dos ensinamentos, como também as experiências técnicas especiais; por exemplo, os diversos meios de prolongamento da vida de cada uma das plantas. Esses ensinamentos eram transmitidos de Mestre a discípulo por via oral ou através de gestos mudos, tão logo o aluno atingisse a maturidade necessária para suceder ao Mestre em seu ofício de professor. Esse sigilo só foi quebrado na atualidade. Assim, o meu próprio Mestre, D. B. Takeda, representante dos ensinamentos Hongen-Enshu, publicou uma obra volumosa digna de nota, em quatro volumes, sobre a *Ikebana*, com ilustrações e anotações próprias. Como ele mesmo narra em sua

Camelia japonica (*tsubaki*).

Nageire: flor, botão e cinco folhas num único galho,
num vaso liso de estanho.

obra, a princípio levaram a mal o fato de ele ter divulgado tais conhecimentos. Ele porém respondeu que muitas das antigas práticas estavam superadas e, também, que o fato de isso ou aquilo se tornar público não prejudicaria o espírito da doutrina.

Entretanto, apesar do grande empenho com que ele expôs os fundamentos dos ensinamentos do arranjo floral, mesmo assim ele não conseguiu transmiti-los de maneira que pudessem ser assimilados inteiramente de modo racional. Cada exposição alcança seu limite onde se aproxima da essência, da última instância, daquele ponto em que nada mais pode ser dito, porém apenas vivido. Em todas as formas de arte é verdade que não se pode apreender aquilo que não se sentiu.

Isso acontece particularmente com as artes do Extremo Oriente — seja com o arranjo floral, com a pintura, com a arte dos arqueiros ou com qualquer outra. Pois elas não pressupõem apenas talento artístico, mas também encerram uma atitude espiritual adquirida através de longos anos de prática e de concentração, que permite ao discípulo vivenciar aquilo de que, em última análise, tudo depende: o Indizível em sua essência, o Absoluto, o próprio Espírito.

Ainda que se acolha com entusiasmo o fato de o Japão contemporâneo despertar cada vez mais a necessidade de se afastar da tradição meramente oral para torná-la acessível a um público maior, não se deve esquecer que o antigo método de instrução tinha um efeito secundário extraor-

Hosta ovata *(giboshi)* — *Lírio azul.*

Seikwa cuidadosamente executado: as folhas largas dispostas na forma de degraus; um vaso simples de porcelana com efeito tranquilizante.

dinariamente significativo. Mantendo o ensinamento em segredo, o japonês era educado com um profundo respeito por todas as realizações artísticas, o que surpreende demais os estrangeiros. Basta observar o modo respeitoso como o japonês se comporta numa exposição floral ou na contemplação de uma pintura a nanquim, ou como toma em suas mãos uma espada valiosa; como se, emergindo na obra do artista criador, ele também participasse de seu espírito.

A esse espírito também se relaciona a veneração que o japonês dedica ao *Sensei*, o seu Mestre: afinal, é ele quem, pouco a pouco, passa ao discípulo o seu mais secreto e profundo conhecimento da essência das coisas, transmitindo-lhe, deste modo, o espírito da doutrina. Compenetrado em sua nobre tarefa, o Mestre saberá proporcionar o melhor exemplo ao aluno que souber valorizar as qualidades humanas, assim como todas as possibilidades de um conhecimento produtivo. Através de seu modo de vida, o Mestre comprova o sentido e os efeitos de seu ensinamento; como homem e como artista, confere-lhes o cunho da verdade. Essa transmissão direta evocou e implantou no coração do japonês esse respeito ao ensinamento que ele conserva até os dias de hoje.

O professor não é um mero "instrutor". Tudo aquilo que, através de sua conduta, serve para enaltecer a dignidade humana do discípulo — sua retidão, seu tato e sua responsabilidade — é tão importante como os conhecimentos que ele transmite. Se faltasse a ele essa condição básica, ele não seria um verdadeiro professor, não seria um homem íntegro e digno de confiança. O discípulo tem uma intuição extraordinariamente apurada para discernir até que ponto o Mestre preenche a sua missão. O discípulo vê no Mestre o amigo paternal e, ao mesmo tempo, o conselheiro em quem deposita toda a sua confiança e a quem ele será dedicado e agradecido durante toda a sua vida.

Conta-se que um certo príncipe, numa de suas viagens, visitou em primeiro lugar seu venerável e velho Mestre, na simplicidade de sua morada. Todos aguardavam, prontos para receber o nobre senhor com todas as honras. Porém, o Mestre sabia que um discípulo especial iria procurá-lo, e então agiu corretamente esperando-o em sua própria casa. Essa é mais uma evidência de como é importante o vínculo de relação humana entre o discípulo e o Mestre. Desse modo, o professor que foi um modelo de vida para o aluno, oferecendo-lhe bons conselhos e apoio para a jornada da vida, sempre desfrutará de sua plena confiança e permanente estima e conservará o seu lugar no coração do discípulo.

Talvez se possa ilustrar essa atitude do professor mediante um pequeno exemplo. Certo dia, Herrigel visitava a famosa exposição de pérolas de Mikimoto, em Tóquio, com seu amigo e professor Sozo Komachiya. Ali se mostrava de que modo um corpo estranho é introduzido artificialmente na concha, que se protege contra ele e, no decorrer do tempo, o envolve com uma camada de pérola. O elemento perturbador transforma-se em beleza. Uma dessas pérolas artificiais, e entretanto verdadeiras, chamou muito a atenção de um homem pela sua forma rara e pelo seu brilho, singularmente belo. E justamente essa pérola lhe foi dada como lembrança. Porém, ele não a usaria no Japão, nem em nenhum outro lugar, mesmo sendo uma carinhosa lembrança. No Japão, um filósofo nunca usaria uma joia como adorno externo; ele é o homem mais modesto e desapegado de elementos externos. Sua vida caracteriza-se pelo sentido e pelo conteúdo interior, que se refletem em todo o seu comportamento.

O caminho das flores

As Dez Virtudes

Uma antiga tradição descreve as dez virtudes que o Artista das Flores deve possuir se deseja penetrar no espírito do "verdadeiro ensinamento". Em palavras muito simples, diz-se algo que à primeira vista parece insignificante, até mesmo infantil. Porém, como ocorre com frequência no Oriente, é preciso saber ler nas entrelinhas.

As dez virtudes que transmitem o espírito vivo do ensinamento encerram um sentido particular, como se segue:

1. O alto e o baixo estão em relação espiritual com o arranjo das flores.
2. Acalentar o Nada — o Todo — no coração.
3. Mentalidade clara e serena; sem pensar, soluções podem ser encontradas.
4. Libertar-se de todas as preocupações.
5. Convivência confiante e cuidadosa com as plantas e com a essência da Natureza.
6. Amar e respeitar todos os seres humanos.
7. Preencher o espaço com harmonia e profundo respeito.

8. O "verdadeiro espírito" nutre a vida; interligar o arranjo floral com o sentimento religioso.
9. Harmonia do corpo e da alma.
10. Abnegação e discrição; liberação do mal.

Só aquele que morou muito tempo no Oriente sabe que por "liberta-se de todas as preocupações" se entende a capacidade de aceitar com serenidade até os golpes mais impiedosos do destino. Os frequentes cataclismos da Natureza no Japão demonstram que até entre os mais humildes existe uma surpreendente força espiritual.

Do mesmo modo, a "íntima convivência com a Natureza" não é mera força de expressão, e significa muito mais do que essa simples expressão poderia sugerir. Assim, por exemplo, durante a festa das cerejeiras, celebrada com entusiasmo por todos, nenhum fruto é arrancado das árvores, mesmo daquelas cerejeiras cujos ramos se inclinam até o chão. Até mesmo em cada cule, pode-se observar quão delicada é a sua compreensão das flores, como ele expressa seu amor pela Natureza de modo genuíno e natural. É raro que alguém arranque flores ao caminhar. O caminhante prefere deixá-las lá, onde elas crescem. Elas também não são arrancadas pelas crianças nos bosques e nos campos, e muito menos perdidas pelos caminhos.

Aquele que adquire certo conhecimento a respeito da pintura japonesa a nanquim sabe que a "íntima convivência com as plantas" significa mais do que um mero amor sentimental pela Natureza. Trata-se de uma convivência fecunda e criadora, que descobre a essência das coisas, ao mesmo tempo que examina o seu coração. Acalentar o Nada no coração significa possuir o mais elevado, o último, o próprio Todo. Estar próximo da essência desse Todo, e ser capaz de viver a partir desse fundamento original do coração, cria aquele "verdadeiro espírito que nutre a vida". E, do mesmo modo, aquele que está familiarizado com a "essência da Natureza" compreende a essência dos homens, e os ama e considera pelo "verdadeiro espírito" que também pode existir neles. Um belo exemplo disso é o pronto atendimento que os japoneses prestam nas catástrofes da Natureza.

É evidente, portanto, que as dez virtudes não são tão inócuas como parecem à primeira vista. Devidamente compreendidas, representam uma rigorosa disciplina espiritual. E aquele que passou por essa disciplina age com espírito tão profundo que toda a sua atividade, longe de ser uma diligência fútil, alicerça as suas bases naquele ritmo primitivo do Universo, que é uno com o silêncio primordial.

Para isso é preciso "ser vazio em si mesmo", viver sem pensamentos mesquinhos e perturbadores, em "harmonia de corpo e alma", abrindo espaço para o "coração universal". E ser despreocupado como a flor no campo — "ser nada e, entretanto, ser tudo".

Essas experiências encontram sua expressão em todas as artes japonesas. Por isso, nos arranjos de flores, até os

Pinus (matsu) — Pinheiro.

Seikwa. Galhos de pinheiro, crescendo de uma única haste, alcançam, sozinhos, a plenitude da forma das três linhas principais. Colocado num vaso de bronze apropriado.

espaços vazios devem ser considerados como parte do todo; eles são tão significativos como as linhas do Princípio do Três em si, pois também manifestam o indizível, o irrepresentável, o silêncio sem palavras. Ritmicamente incorporados à harmonia assimétrica, os espaços vazios podem ter um significado particular claro e "eloquente". Uma das mais sugestivas expressões do silêncio é criada pela flor humilde ou pela planta modesta, escolhida justamente por esse motivo, ao ocupar um lugar de destaque na sala de chá apenas com sua presença de cores suaves e de formas simples; é como se ela quisesse ressaltar o significado do momento da Cerimônia do Chá com seu silêncio calmo e contido.

Na imensidão do vazio tudo se condensa, tudo encontra seu contraste, para se sobressair, para se refletir, ao mesmo tempo, no ilimitado e no poder plástico da origem criadora.

Penetra-se assim numa relação mais íntima com as linhas assimétricas do Princípio do Três, vendo-o adquirir forma visível no silêncio vivo da sala. Nessa união de vazio e forma, a obra supera suas limitações e suas amarras. A obra revive como uma criação nova e livre, em virtude desse poder contínuo de conferir formas ao próprio vazio.

Na pintura a nanquim, os espaços vazios também estão incluídos como meios indispensáveis de expressão positiva e cheia de significado.

Nessa pintura, aparecem superfícies muito vastas ocupadas pelo ar, pela neblina, pelas nuvens e pela representação das superfícies de água. Diz um provérbio japonês: "Uma pintura vale por mil palavras."

Nas peças de teatro Nô e nas antigas lendas representadas no teatro Kabuki, as passagens mais impressionantes e significativas são aquelas em que nada se diz, em que tudo deve ser expresso pelo ator a partir do seu interior, valendo-se apenas dos mais moderados e concentrados gestos de mímica.

Na arte dos arqueiros, o alvo representa para eles o "nada vazio". O percurso da flecha nessa direção do nada é a mais elevada tensão descontraída. Estar vazio é o mesmo que fundir-se com o todo.

A poesia Haiku, que se distingue pelo parco uso de palavras, reproduz a totalidade dos acontecimentos de uma experiência mediante formas de expressão que dizem muito, por meio do silêncio eloquente.

A caligrafia exige, na realidade, uma correspondência com os espaços vazios. As letras pintadas a nanquim são como que formadas e inspiradas pelo espaço livre.

A partir desse vazio, revela-se a "forma do informe", assim como se descortina o significado do "conteúdo do vazio" e a "imagem do invisível".

"Espaços do Vazio" é o sugestivo nome atribuído à sala de chá. Pois só o espaço vazio e envolvente possibilita a concentração e a comoção.

O Requisito Principal

Entre as dez virtudes, a condição primeira é a união com o "coração da flor" (hana no kokoro) e com o "coração universal".

Portanto, é perfeitamente natural que não se converse durante o trabalho, e que toda agitação ou perturbação sejam proibidas. O motivo não é evitar tudo o que possa interferir ou dissipar a concentração; trata-se muito mais do significado primordial do arranjo floral como cerimônia religiosa. A rigorosa observância da limpeza e da ordem está interligada com esse ritual, pois, em sua origem, o recinto em que se faziam os arranjos florais eram sagrados. Esse conceito se manteve até os dias de hoje. Por mais simples e modesto que seja o aposento, ele se consagra através do arranjo floral quando este for elaborado com o "verdadeiro espírito".

Assim, o principiante é estimulado a prestar muita atenção ao "coração da flor". Em primeiro lugar, a fim de tocar a flor de modo correto, e, em segundo lugar, para viver com naturalidade e com segurança em seu próprio coração. Este deve ser semelhante ao "coração da flor": radiante em sua generosa doação e, ao mesmo tempo, feliz no seu recolhimento. E aquilo que o discípulo aprende ao escutar o coração da flor e o que incorpora a seu próprio coração, ele repartirá com os outros, de modo generoso e desinteressado. Assim, uma eterna corrente de amor flui do coração da flor para o coração do homem, chegando até o coração do Todo, e do mesmo modo no sentido inverso.

O recinto em que o aluno e o Mestre se encontram para o trabalho comum revive esta atmosfera festiva e indescritível, onde florescem as obras que encerram o brilho do eterno silêncio. No "coração do Todo", as relações humanas encontram-se em íntima união com o "coração da flor". Tudo tem a mesma importância e o mesmo valor. Não há setores preponderantes — nem mesmo a esfera dos homens e das coisas humanas, como se ela representasse o ápice da criação. Não há sequer um campo de vida claramente delimitado. Para o japonês, toda a vida significa uma unidade ininterrupta, emanando de uma raiz comum. Se ele distingue a planta do animal e ambos do homem, ele não acredita na delimitação de diferenças de valores — como se um fosse superior ao outro, mais importante ou mais valioso no sentido da finalidade do ser. Uma flor ou um ramo florido bem poderiam refletir o modelo de vida com mais pureza do que qualquer homem que se considerasse um fenômeno excepcional.

Portanto, aquele que julga poder assimilar a arte das flores apenas mostrando-se sensível em relação a elas, e sendo relativamente tolerante no seu trato com os animais, não está tão mal-informado como o homem que valoriza o relacionamento humano, julgando as flores e os animais como meros fenômenos complementares — mais ou menos agradáveis —, também presentes por acaso. Aos olhos dele, estes poderiam até faltar, sem que o âmbito humano sofresse nenhuma perda. Flores como adornos gratificantes, animais no zoológico — esses encontros casuais lhe bastam, pois tem tantas coisas mais importantes a fazer! Porém, na realidade, observar as flores é tão importante quanto observar a vida em sua plenitude, e o contato com os homens e com os animais é tão relevante como o contato com as flores. O principiante na arte das flores não é um especialista que possa negligenciar tudo o que *não* sejam flores, mas, ao contrário, está obrigado a vincular-se a tudo.

Desde a infância, o contato com as plantas pode ter um certo significado. Geralmente a flor é o primeiro "ser vivo" vegetal que entra de forma enriquecedora no círculo imediato da criança. Logo que uma planta é confiada a uma criança, o cuidado que esta lhe dedica leva a um relacionamento interior de proteção e de responsabilidade. Cuidar de uma planta e acompanhar o seu crescimento impõem à criança a tarefa imediata de protegê-la com carinho. Despertam um sentimento intuitivo de integração entre a vida humana e toda a Natureza. A observação do crescimento e das possibilidades de desenvolvimento da planta enriquece a vida emocional da criança. Essa compreensão sensitiva pode estender-se então ao mundo animal e a toda a Natureza, até chegar à compreensão da correspondência de tudo no cosmos.

Junto com a observação do crescimento e do desenvolvimento na Natureza, surge uma relação com o próprio crescimento individual, um "crescimento interior", no círculo de suas próprias tarefas. Na vivência de seu crescimento, todos observam a planta. A presença de flores vivifica e enobrece todo o ambiente. É como se, na presença de belas flores, os homens não pudessem agir de modo mesquinho; através do convívio com elas, verifica--se o aprimoramento da natureza humana. Até um pequeno recipiente com flores sobre uma mesa de jantar, sem dúvida, pode alterar os sentimentos de uma criança, e as refeições se diferenciam das que são feitas em ambientes sem carinho. E, assim, ela começa até a cultivar um sentimento de gratidão pelo alimento que recebe.

Poderíamos citar um outro exemplo: as flores levadas a um doente infundem-lhe novas esperanças de recuperação. Flores sobre um túmulo querido falam de um eterno ciclo de morte e renascimento. As flores consolam e são prenúncios de uma vida nova.

As flores impregnam qualquer ambiente com seu caráter; elas nos falam como se estivessem enraizadas em nossas vidas. Até sobre a mesa de trabalho de um escritório de paredes nuas, as flores operam milagres de repouso e de recolhimento.

Usando uma terminologia popular, nunca se pode magoar alguém com o uso da linguagem simbólica das flores. Outra expressão similar muito difundida é comparar uma moça a uma "flor".

Tudo isso enfatiza a conexão, a interligação e a ação recíproca entre os homens, as plantas e o mundo inteiro. Portanto, quando o discípulo percorre o "Caminho das

Flores" de modo correto, compreende desde o começo, com clareza, que esta senda não o conduz a encruzilhadas. Ele não é guiado apenas para uma atividade exterior, concreta e visível. Só a silenciosa comunhão consigo mesmo pode conferir-lhe a serenidade, o recolhimento e a devoção necessários para passar ao trabalho. Essa prática é considerada benéfica pelo discípulo e apropriada para conferir à sua obra a verdadeira expressão.

O Caminho sai do centro do seu ser e do seu recolhimento para o mundo exterior, numa linha reta e harmoniosa. Os olhos do discípulo ficam deslumbrados pela maravilha e pela beleza da planta que está à sua frente. Fascinado, o discípulo aprofunda-se no encanto da essência da sua própria vida. Unido ao ser que tudo integra, incorporado ao conjunto do cosmos, ele pode criar, a partir do centro da própria humanidade. Ele coloca no vaso o ramo que representa o "homem" no meio, entre o céu e a Terra, de acordo com o sentido simbólico. O arco do céu (a Verdade) é esticado acima do homem; a Terra jaz a seus pés. Em sintonia com esse Princípio do Três, que dá sentido à unidade que tudo envolve, o discípulo tentará corresponder à "Verdade do Céu", inclinado num amor protetor sobre a sua essência terrestre e sobre os seus deveres.

Pouco a pouco, o discípulo vai se conscientizando das amplas tarefas que lhe chegam através do ensinamento dos arranjos florais. Os trabalhos externos correspondem aos internos, já que se determinam mutuamente. Ele aprendeu que o recolhimento interior é parte importante

Rhodea japonica (omoto) Seikwa.

Onze folhas arrumadas delineiam claramente, em forma de leque, as partes da frente e de trás. Folhas largas protegem as frutinhas vermelhas.

da obra. Entendeu que, sem a paz e a serenidade, não há espontaneidade nem liberdade, e que, na pressa e na rígida introspecção em si mesmo, o Caminho das Flores permanece fechado.

O esquema diante do qual o aluno se encontra e que, a princípio, questionou, já não o impressionará como mera imagem exterior de uma divisão em três. Essencialmente visível em sua beleza, ele a moldou e colocou diante de si várias vezes. No entanto, nenhum trabalho exterior permaneceu visível. Ele toma consciência de um princípio cósmico fundamental que o envolve, e de suas profundas correspondências com a sua arte.

A princípio, talvez o discípulo contemple o significado de seu trabalho de dois modos, até ser capaz de fundi-los numa única expressão de arte. Por um lado, desenvolverá, com seus esforços, a tranquilidade, a paciência e a perseverança. Por outro, ele tentará, tanto quanto possível, introduzir na sua vida prática esse modo de trabalhar. Assim, não permanecerá parado no caminho, mas se desdobrará em múltiplas atividades enquanto procura o caminho do meio. Ele deu às flores uma nova forma viva, uma nova composição. E, assim, sem querer, imprimiu essa forma ao mesmo tempo dentro e fora de si. O efeito recíproco dessa combinação no sentido do ensinamento original tomou conta, condensou e completou todo o seu ser. Ele vive em unidade harmônica consigo mesmo, com o seu meio ambiente e com todo o Universo. Ele é sustentado pelo céu assim como pela Terra. A falta de pátria, a desarmonia e a falta de objetivos não existem mais. A unidade do ser é uma realidade. E o caminho natural leva ainda mais longe, para além do toque simbólico das flores, do fluir das águas ou das pedras que dão forma. O discípulo já não trilha o Caminho das Flores apenas em suas horas de prática ou de cerimonial. A presença viva e criativa dessas aulas o acompanhará e o guiará. Esse Caminho pode até dirigir a sua própria vida, com novas perspectivas e novos começos. Daqui por diante, poderíamos captar o sentido da frase que diz: "Percorrer este Caminho como se não percorresse." Isto é, o Caminho e o discípulo tornam-se um só.

A Atitude Correta em Relação às Flores

Há um famoso exemplo a este respeito: a história de um cule que, percorrendo com dificuldade um caminho montanhoso, descobre uma florzinha sedenta que, no meio do cascalho em brasa, está ameaçada de perecer. Apesar de sua carga, ele se ajoelha e rega as delicadas raízes com o seu último gole de chá, para que a pequena flor sobreviva ao calor escaldante. E, então, segue, apressado e despreocupado, rumo à sua meta distante. Essa história é divulgada não pela sua originalidade, mas porque é comovedora.

Até os artistas se ocuparam com tais temas, por exemplo, a história da campânula em flor que durante a noite se enrascou em volta da corda de um poço.

Conta-se que uma jovem frágil e delicada saiu de manhã cedo para buscar água no poço da aldeia. Durante a noite, os galhos de uma campânula haviam se enrolado na corda da qual pendia o balde, e sua flor entreabria as pétalas à luz do dia, ébria de prazer. Encantada e ao mesmo tempo emocionada, a moça não teve coragem de perturbar esse maravilhoso acontecimento — e com o coração alegre, carregou os baldes cheios do poço do vizinho mais distante, sem se incomodar com o cansaço decorrente do longo trajeto.

(Nós tínhamos [Gusty Herrigel refere-se a ela e a seu marido] um kakemono pintado em seda, no qual este mesmo tema fora delineado em poucos e sugestivos traços, acompanhado de um breve poema.)

> *Entrelaçada na corda de um poço,*
> *uma campânula.*
> *Dá-me água, amigo.*
>
> (Haiku, *O florescer da campânula*)

Conta-se que a imperatriz chinesa Komyo tocava as flores com muito respeito, pensando que suas mãos poderiam sujá-las. "Oh flor, se eu te colher, a minha mão te manchará." Tal sensibilidade indica o caminho do "comportamento correto", do comportamento protetor em relação ao meio ambiente. Quanto mais reconhecidos e praticados, mais clara fica a percepção de que esses requisitos fazem parte do arranjo floral. Também com a observação

Iris enseta (hana sho-bu).

Uma dentre as várias espécies de lírios. Seikwa. Onze folhas emolduram três flores. Shin forma a corola, porém, a ênfase do arranjo cai sobre a linha gyo.

das flores na Natureza, podemos nos familiarizar com as suas vidas, e conhecê-las, como se as tivéssemos criado. Dedicar-se completamente, através da autonegação e da paciência; não se levar muito a sério, porém adaptar-se, com boa vontade e discrição, sem esperar reconhecimento — tudo isso é parte do Caminho das Flores.

O jardineiro que é chamado antes de cada aula, e vai e vem entre os alunos com um rolo de esteira de palha debaixo do braço, parece possuir algumas dessas dez virtudes. Com muita gentileza, ele traz amarrada dentro dessa embalagem uma grande variedade de galhos, brotos e flores. Ele não os cortou por acaso, mas escolheu apenas os que combinam entre si. Não pensaria nunca em despojar as flores de suas folhas, pois o seu verde e os seus botões, assim como as partes secas, fazem parte do crescimento natural da planta. Com quanta paciência e amável serenidade ele espera até que o comprador faça a sua escolha! E como ele vende barato esses seres floridos! E com quanta modéstia ele os entrega! Com quanto cuidado e cortesia!

O Japão é conhecido como "o país das flores". Deve-se entender essa denominação num sentido específico. Pois nos jardins residenciais não se encontram flores que sejam destinadas ao corte e, sim, plantas, arbustos e árvores cuidadas e protegidas com esmero. São cultivados com grande carinho e devoção, e por isso mesmo ninguém gosta de cortar as flores das árvores e dos arbustos. Nos jardins há plantas que estão dispostas — umas em relação às outras — de maneira original, e que não devem ser se-

Paeonia (botan).

Arranjo informal Seikwa, de crescimento natural. A ênfase recai naturalmente sobre a gyo. Plantada num dos tão populares vasos de bambu existentes nas mais variadas formas e tamanhos.

paradas. Talvez as flores cultivadas nos jardins sejam tão mais valorizadas porque são muito raros os campos floridos. Flores que crescem espontaneamente constituem uma raridade, exceto em alguns pequenos bosques famosos, lugares que o povo visita com grande respeito. Os jardineiros são obrigados a cultivar as flores e os ramos necessários para ornamentar os vasos, já que os campos de arroz ocupam uma grande parte da superfície, e cada palmo de terra é aproveitado para a alimentação.

Entretanto, cada estação oferece uma ocasião para celebrar o alegre "o hana mi" — a "festiva contemplação das flores". Multidões e, de fato, famílias inteiras fazem peregrinações aos lugares antigos e venerados, renomados por sua beleza. As plantações de cerejeiras estendem-se por vários quilômetros e encantam os olhos. Os deslumbrantes narcisos brancos, exalando seu perfume nos vales ocultos, florescem na primavera. Nos antigos jardins dos templos, os brotos de glicínias, pendentes em cachos de cor lilás, exercem seu fascínio ao contrastar com o vermelho das construções Shinto. Seus longos cachos formam grinaldas sobre as pontes liberadas aos maravilhados visitantes. No outono, os bosques de ácer revestem-se de chamas sombreadas; o ácer japonês também é atraente na primavera com sua delicada folhagem avermelhada e, no verão, com o frescor do seu verde.

O crisântemo (kiku) é a flor dourada do Oriente, sua flor heráldica. Existem cerca de duzentas variedades dessa renomada planta, cujo cultivo constitui uma alegria para todos, até para os mais pobres. A festa do crisântemo, que começa todo ano no dia 9 de setembro, é um feriado solene.

Há também os amantes da íris e do lótus, e cada um saberá onde encontrar e admirar sua flor favorita.

Assim, a compreensão especial que o japonês confere à arte do arranjo floral está condicionada, em última instância, à sua proximidade e ao seu amor pela Natureza; é o que torna inteligível a linguagem simbólica da flor, traduzida em presença visível.

O lótus, por exemplo, é a flor do ritual religioso, símbolo da pureza e da imortalidade. Enraizada no solo lodoso, ergue-se em direção ao céu em maio ao turvo espelho d'água em cores claras, emoldurada em folhas de um verde imaculado, fresco e luminoso. Os brotos e as folhas enroladas representam o futuro. As flores abertas revelam o presente. As majestosas cápsulas das sementes secas falam do passado.

Os brotos das ameixeiras simbolizam a resistência contra as injúrias e novas esperanças. Um velho tronco com novas mudas simboliza a maturidade acompanhada de ternura. Em suntuosa glória, a peônia é símbolo de esplendor e de riqueza. O pinheiro é símbolo da inflexibilidade, é marco de força e de firmeza de caráter. O bambu representa uma vida longa, a durabilidade e a abundância, e assim por diante.

Desse modo, ao lado da natureza intrínseca das flores, também é importante o que elas têm a dizer, aquilo que expressam a quem as contempla. Pela maneira de arranjar as flores, deveria-se compreender e julgar aquilo que a obra acabada representa. Uma visão refinada pode avançar mais um passo, revelando, a partir da imagem do arranjo, a espiritualidade do artista e, mais precisamente, o que se oculta por trás de tudo isso: o infinito, o indizível.

A arte de dizer tudo em poucas palavras — eis o segredo da maestria de Bokuyo Takeda. Uma vida plena, interiormente madura e rica em experiências outorga a força criativa para alcançá-lo.

Chamou-me a atenção, no decorrer dos anos, o fato de que, quanto mais jovens os alunos, mais brilhantes eram as cores das flores escolhidas. O principiante gosta de ver o seu vaso exposto em primeiro plano. O aluno mais avançado conforma-se com um lugar ao meio, ao passo que o recipiente do Mestre se oculta, modestamente. Pois ele é capaz de compor um arranjo tão habilmente equilibrado, que a obra acabada forma um todo, uma maravilhosa harmonia de luz e sombra, de suavidade e força, de brilho e penumbra. Não é de surpreender que essas exposições sejam extraordinariamente concorridas. Não só os parentes próximos dos expositores participam, mas toda a cidade. Pois não há mulher japonesa, e raramente um japonês, que não tenha algum vínculo com a arte floral e que não saiba o que ela significa e o quanto lhe deve.

Apesar da sua delicadeza, em sua origem, os arranjos florais foram elaborados por homens conhecedores da vida. O aprofundamento na unidade com as flores inspira o espírito do Samurai e a gravidade das decisões finais, irrevogáveis.

Imaginem que tremenda força interior é transmitida quando um senhor feudal, cujo castelo acaba de se render ao assalto do inimigo, ainda encontra a calma e a concentração para compor um arranjo de flores. Este poderá ser o último ato de sua vida, porém, não será um ato de violência. Esse ato não pretende significar algo de extraordinário, mas ele leva o selo do involuntário, é o sinal de uma vida verdadeira e desprendida, de uma arte sem nenhum artifício, semelhante à arte do legítimo arqueiro.

O senhor feudal não é um cavalheiro apenas exteriormente; ele também continua invicto em seu interior, inconquistável por seu inimigo. Ele conserva a mesma impassibilidade diante da morte como diante da vida. Seu ser flui a partir do centro, sustentáculo do céu e da Terra, e pelo céu e pela Terra é sustentado.

As moças e as mulheres também se submetem à aprendizagem dessa "arte delicada" e cavalheiresca. Não se poderia conceber um lar japonês sem a alcova elevada na qual sempre há uma flor da estação, em harmonia com um quadro pendurado na parede. O tema varia de acordo com a circunstância do momento e é próprio para aprofundar a interiorizacão ou a alegria.

A luta empreendida nesse Caminho das Flores pode significar uma enorme transformação na vida do indivíduo. Um comportamento firme e inexorável — tanto no próprio ser como no diálogo com as flores — é muitas

Paeonia (botan).

Nageire com três galhos. O vaso pendurado, feito de bronze nobre, representa a Lua crescente.

vezes expresso pelos meios mais delicados. A mulher japonesa, de aparência tão frágil e delicada como uma mimosa, dá provas de um desapego e de uma força interior no seu círculo familiar, e muitas vezes domina a vida com heroísmo. E assim o "Caminho das Flores" parte do "coração das flores", passando pelo "coração dos homens", ao encontro do "coração do todo", significando para a planta e para o homem uma "nova vida". No coração do homem os opostos conduzem ao meio, ao núcleo central do todo: o céu, a Terra e o homem estão unidos.

Arte ou Natureza?

Uma vez terminado, pode o quadro apresentado pela flor — em sua forma completa, única, em que se manifesta a totalidade de sua essência — ser considerado uma obra artística, mesmo quando se trata de uma arte que se presta à vida e à experiência religiosa?

O artista floral perfeito é justamente aquele que chega a criar obras que se assemelham às formações da Natureza. Mesmo quando arrancadas de seu solo natal, trata-se de flores e de galhos vivos, florescentes, mais uma vez reunidos para integrar uma nova unidade recém-formada, na qual, porém, a sua "essência" continua preservada. Pois, apesar do arranjo a que são submetidas, as flores e os ramos não devem ser deformados ou distorcidos, contrariando a sua própria natureza.

Essa criação floral é produto da Natureza ou da arte? Ou, porventura, ocupa uma posição intermediária entre ambas — algo além da Natureza, sem chegar entretanto a ser uma arte pura? É extremamente difícil dar uma resposta inequívoca a essa pergunta. Pois, para o japonês, a vida e a arte, a Natureza e o espírito formam uma unidade indissolúvel, um todo inquebrantável. Ele vivencia a Natureza como detentora de uma alma; e o espírito, desprovido de intenções, é parte integrante da Natureza.

Portanto, ele não entende uma pergunta que pressupõe uma divisão entre Natureza e espírito, entre vida e arte, como se fossem alheios um ao outro. Para ele, a Natureza não está morta nem desprovida de alma, nem sequer é um mero símbolo ou imagem. O Eterno está imediatamente implícito na sua beleza viva. Esse ponto de vista é uma característica de toda a arte japonesa. Por isso, jamais se atinge a sua verdadeira essência acreditando que eles "idealizam" os seus objetos, ou que a sua meta seja aliviar tensões e reconciliar os opostos a fim de criar harmonia. Para o japonês, a harmonia é a forma intrínseca, o fundamento da Natureza, da vida e do mundo, e a arte não pode ter nenhum outro objetivo além do de refletir essa harmonia, comprovando-a através de vários níveis de "consciência inconsciente". E o artista a atrairá para si como se, de uma distância infinita, aspirasse um hálito primordial, para exaltá-lo e exibi-lo. Tendo o acesso a esse sentido primordial, o artista percebe a nova criação e a valoriza do fundo da cena, imprimindo-lhe uma forma visível.

Como o aluno renuncia totalmente a colocar-se em primeiro plano, na presença simultânea e tangível da flor — na qual o cosmos se manifesta — ele se conscientizará também da lei de seu próprio ser e de sua própria natureza. O artista vive e concebe a sua obra a partir da "forma sem forma". Ele integra dentro de si o impulso criador com a sua realização, combina o vazio com a plenitude. A partir dessa harmonia, que pulsa bem além dos opostos, ele eleva sua obra e a coloca acima de si mesmo.

Isso se evidencia particularmente na arte do arranjo floral.

O verdadeiro artista das flores não presta tanta atenção à forma exterior da Natureza ou à que deve "tornar-se visível" apenas exteriormente. Pois, para ele, a forma exterior não é apenas uma meta; porém, quando muito, uma mera ponte que conduz à forma interior. A forma deve agradar unicamente na medida em que atrai a vista para o interior, para as profundezas, onde Natureza e espírito, vida e ideal, constituem uma só coisa. O artista mantém o mesmo relacionamento com a Natureza como um todo, característica do japonês educado, e que reside em sua incrível capacidade de ver tudo como um todo vivo.

A escolha das flores e dos ramos não depende apenas de se harmonizarem entre si em disposição e cor. É muito mais importante que sejam adequadas para representar a forma interior com que o artista vivencia o mundo. Flores, arbustos e árvores preenchem esse requisito, pois frequentemente se baseiam em significados simbólicos. O

Patrinia scabiosaefolia (*ominaeshi*).

Treze galhos dispostos num delicado tripé de bronze em formato de vaso.

quadro formado pela flor já é suficientemente representativo pelo material utilizado. Porém, ele toca aquele que o contempla mais ainda através da interligação da plenitude bem equilibrada com a nobreza da simplicidade, assim como através dos espaços vazios, refletindo a concentração, a força e a modéstia. Construir este todo que, apesar da sua interligação formal, confere o mais amplo espaço à fantasia sem impor nenhum limite à experiência — nisso consiste a "arte desprovida de arte" dos arranjos florais.

Entretanto, o ensinamento não deve ser reduzido apenas a esta arte. Como já mencionei, a atenção do Mestre está voltada constantemente para o aprofundamento do aluno, com todo o seu ser, no "ensinamento não escrito", até alcançar sua segunda natureza, que molda e determina o seu caráter, para que ele possa, em cada momento da sua vida, transitar pelo "Caminho das Flores".

A Cerimônia

A Cerimônia das Flores

A Cerimônia das Flores desenvolveu-se a partir da mesma atitude espiritual do arranjo floral. Pelo seu próprio caráter decididamente contemplativo e simbólico, revela o vínculo original entre a "decoração floral" — para usar um termo consagrado — e o Budismo.

A cerimônia consiste essencialmente na meditação e numa profunda concentração, enquanto as regras prescritas referem-se apenas ao desenrolar do seu aspecto externo.

Antes de mais nada, o convidado deve contemplar o kakemono (rolo de papel pintado ou manuscrito) suspenso no tokonoma. Ele concentra-se então no arranjo floral disposto em primeiro plano. O anfitrião colocou um ramo de lariço e uma flor da montanha combinando com a pintura de uma paisagem montanhosa. Uma planta ou flor da planície não seria apropriada para criar uma completa harmonia; tudo é feito de modo a agradar o observador, e é feito com muito afeto.

A seguir, ele deve dirigir sua atenção para a peça floral em si, a fim de conhecê-la e compreendê-la em todos os seus detalhes, começando pelo ramo principal.

Esta é a primeira parte da Cerimônia das Flores.

Espera-se, como algo evidente e natural, que o convidado assuma uma atitude de dedicada meditação e mantenha um comportamento discreto.

A segunda parte começa quando o anfitrião propõe a seu convidado compor um arranjo floral. Este recusará, a princípio, com modéstia, porém finalmente concordará, diante dos insistentes pedidos. Então, o anfitrião faz todos os preparativos necessários. Algumas flores ou ramos de talos longos e fáceis de arrumar são colocados na mais perfeita ordem sobre a estante de flores junto com os recipientes, a tesoura de podar e um paninho de algodão. A alguma distância, há uma jarra com água e um vaso apropriado.

O anfitrião se retira com os outros convidados para uma sala contígua e espera pacientemente até que o convidado escolhido termine de arrumar as flores. Este, enquanto isso, estará ajoelhado contemplando as flores, apoiando-se nos calcanhares. Seus pensamentos talvez estejam percorrendo os campos onde nasceram as flores — seja numa montanha, numa planície, às margens de um rio ou do mar. Em seu nicho, o conteúdo do kakemono o ajudará a completar a sua fantasia. Uma pequena figura delicada ou um queimador de incenso, dispostos no tokonoma, também intensificam a impressão de harmonia, e o levam à execução do seu trabalho. O criador age com harmonia entre o interior e o exterior. Não é apenas o mergulho no simbolismo e na natureza das flores o que inspira a criatividade do artista — é a própria essência

Prunus (ume) — Ameixeira.

So-Seikwa. A ênfase do arranjo recai sobre So. Nove ramos carregados de botões de flores, antes do aparecimento das folhas. Todos os anos, a 3 de março, esses botões de ameixeira adornam a festa de bonecas das meninas.

das coisas que o satisfaz e comove. Envolvido pelo calor humano, ele expressa a linguagem do coração universal.

Em seguida, o anfitrião reúne os demais convidados e a sua própria família, para que todos possam contemplar a obra acabada. A princípio, o artista tentará evitar isso, e pedirá que o anfitrião retire esse ornamento indigno, sem mostrá-lo. Por sua vez, o anfitrião insiste com a mesma cortesia, pedindo-lhe para exibir o bonito arranjo aos outros. E, finalmente, sentam-se todos, num semicírculo em volta do quadro, comparando-o atentamente com o arranjo floral. A beleza e a harmonia da obra se refletem em seus rostos; uma atmosfera de indescritível serenidade invade a sala.

Cerimônias das flores como estas ainda são realizadas atualmente, porém, raramente nas grandes cidades; são realizadas apenas nos recantos onde a vida japonesa soube preservar suas particularidades.

A cerimônia floral acima descrita ajuda a compreender que o "verdadeiro espírito" do arranjo das flores não é apenas uma forma de expressão. Pois, apenas enquanto se estiver imbuído deste "espírito verdadeiro", é que se pode preencher realmente a elevada missão para a qual se foi escolhido.

E essa arte surgiu do "verdadeiro espírito" e nele deve continuar a ser cultivada. De outro modo, degeneraria a um nível trivial, tornando-se mera decoração, sem tocar internamente o coração do homem.

A Origem Religiosa

Os galhos dos arbustos com frutos têm um significado simbólico. Quando, em idade avançada, um homem renuncia à sua profissão para dedicar-se a uma nova vida, os galhos carregados de frutos simbolizam essa transição. Eles devem indicar de que modo essa nova forma de vida, seja ela dedicada ao recolhimento, ao amor irradiante[2] ou à arte, não é de modo algum ociosa e pode ser extremamente frutífera.

A tradição nos fala de monges hindus que, imbuídos do seu amor universal ao Todo, foram os primeiros a colher, cautelosamente, as flores danificadas pelas tempestades ou murchas pelo calor, para cuidá-las com esmero e compaixão, na tentativa de mantê-las vivas. Nas câmaras dos templos budistas colocavam-se, diante da imagem sagrada, miniaturas de jardins em recipientes pesados de bronze ou em caixas de areia. Neles podia-se colocar ramos e plantas das mais variadas espécies, incluindo galhos pesados e até tocos de árvores.

O ramo mais alto e central apontava diretamente o céu. Ao lado deste núcleo significativo, agrupavam-se os demais galhos, à direita e à esquerda, em simetria vertical em volta dos centros mais baixos. A finalidade de um terceiro grupo de "auxiliares" era a de servir de suporte para

---

2. Os termos *Sammiung* e *ausstrahiende Liebe* são traduzidos para o inglês como "filosofia" e "filantropia" — numa tendência de conferir uma conotação racional à "mera" meditação e amor que irradia —, tão pouco valorizados no mundo de língua inglesa, em seu significado literal. (N. T.)

manter a união do conjunto. Nas pinturas antigas, veem-se esses grupos simétricos dispostos em ambos os lados do altar. Essa forma primitiva de arranjos de plantas, que os monges hindus ofereciam como sacrifícios ou como presentes honoríficos nos templos e em seus jardins, bem como diante dos túmulos, ficou conhecida no Japão pelos nomes de Shin no hana, Rikkwa, Sunamono Rikkwa e Bukkwa.

A partir desses arranjos verticais enfeitados, desenvolveram-se, com o decorrer do tempo, composições totalmente novas, em menor escala e de linhas mais requintadas e simples. Isso se deu a partir do século V, quando o Budismo entrou no Japão através da Coreia, e os sacerdotes chineses introduziram muitos novos costumes nesse país. Ao lado de sua finalidade religiosa e de meditação, os templos budistas tornaram-se núcleos de cultura, nos quais se incentivava a filosofia, a poesia, a caligrafia, assim como a pintura e outras artes. A vida monástica entrou, assim, em contato vivo com a criação artística.

Uma diretriz básica dizia o seguinte: antes de começar, você deve sentar-se em silêncio, conduzir a sua alma à serenidade, libertar-se de tudo, não deve falar e deve ficar compenetrado.

A princípio, o ritual da Cerimônia do Chá também era praticado nos mosteiros zen, do mesmo modo que a origem das reuniões em que se queimava o incenso.

Portanto, em sua maioria, os antepassados educados nos mosteiros tornaram-se mestres das obras de arte rela-

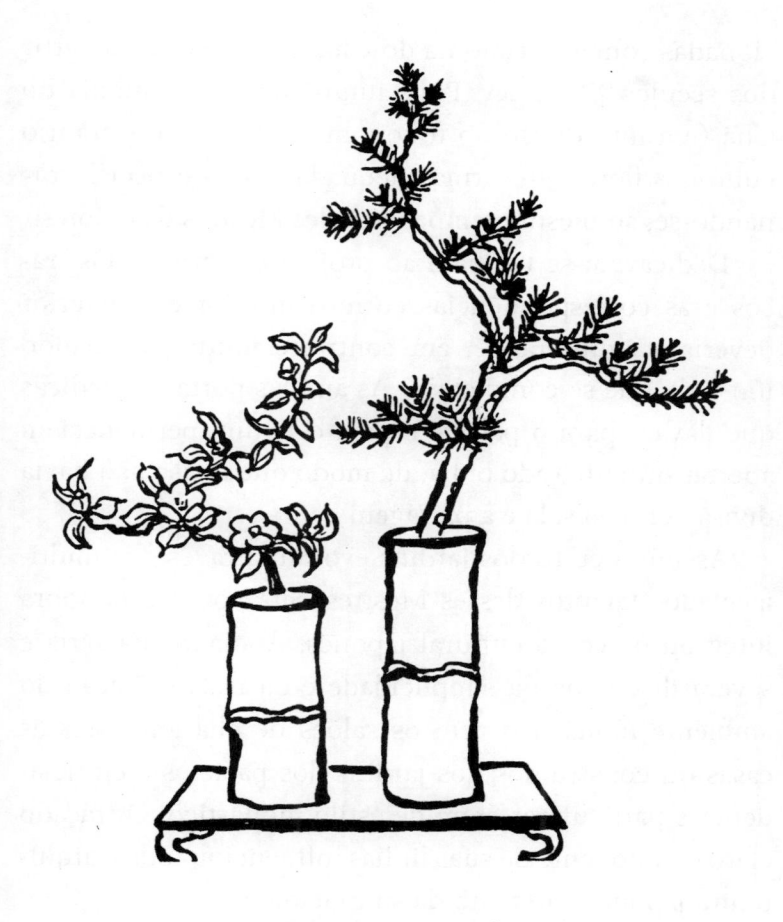

Decoração nupcial.

Dois vasos simples de bambu, atados na maioria das vezes com uma fita colorida (mizuhiki) como símbolo de união durável. Os galhos fortes do pinheiro dispostos no vaso alto simbolizam o elemento masculino. A camélia branca simboliza o flexível e suave elemento feminino. A flor não deve ficar de frente para aquele que a observa, nem deve ficar escondida pelas folhas, mas deve ser colocada na diagonal.

cionadas com a Cerimônia do Chá, que floresceu a partir dos séculos XIV e XV. Pois, junto com a Cerimônia do Chá (e a introdução do tokonoma), eles promoveram o culto das flores em forma adequada e toda especial, tornando-se, ao mesmo tempo, grandes Mestres das Flores.

Dedicavam-se também ao projeto de jardins. Os traços e as correspondências entre o interior e o exterior deveriam equilibrar-se, em contraste mútuo, formando um todo que se completava. As amplas portas corrediças que davam para o parque e para o jardim permaneciam abertas durante todo o dia, de modo que quase não havia divisão entre a sala e a paisagem.

Assim, o culto dos jardins evoluiu através dos multifacetados talentos desses Mestres. Sua vocação criadora integrou o acervo cultural japonês. Apoiados na séria e severa disciplina da simplicidade e da interiorização do ambiente monástico zen, os salões de chá anexados às casas ou construídos nos jardins dos palácios e em residências particulares eram de estilo monástico. O traçado claro e imponente de suas linhas influenciou toda a arquitetura japonesa no culto da simplicidade.

Nessa interligação de ritual e sensibilidade, que caracteriza a sala de chá, a planta viva só podia ser incorporada em toda a sua naturalidade e simplicidade. A decoração, muitas vezes, consistia apenas num galhinho escolhido com esmero, ou no botão de uma flor emoldurada por delicadas folhas verdes. De preferência, a planta devia ser colocada num recipiente simples feito de bambu, de cortiça ou do tronco de uma árvore, fixo de maneira natural numa coluna de madeira rara, de modo a ficar pendurado na bem cuidada sala de chá. Esse tipo de fixação dava caimento natural às plantas selvagens, às flores campestres e a todo tipo de planta agreste.

Essa maneira inteiramente natural e ao mesmo tempo requintada de decorar com flores foi chamada de Nageire — e significa "colocar ou jogar dentro" referindo-se à naturalidade e à espontânea flexibilidade com que a flor se inclina à beira do vaso. Entretanto, ainda se percebe, na silhueta assimétrica, a harmonia do ritmo tríplice. Contrastando com essa forma natural extrema, desenvolveram-se possibilidades totalmente novas e diferentes de ornamentos para as salas de grandes dimensões, em que se recebiam os convidados e em que o tokonoma — réplica profana do altar original — ocupava o lugar de honra.

De acordo com o patrimônio familiar disponível ou herdado, e conforme o gosto do proprietário, tudo aqui era disposto sem a ideia de chamar a atenção, de um modo quase sagrado.

As flores eram arrumadas num ritmo bem adaptado aos acontecimentos do dia — fossem em reuniões sociais ou festividades — para honrá-los ou respeitá-los devidamente. Dependendo da ocasião, as flores compartilhavam das alegrias, numa esplêndida demonstração de cores e de formas luminosas, ou então se constituíam em um testemunho da dignidade e da despretensiosa simplicidade. A grande variedade de amadores praticantes e as ocasiões festivas exigiam dos Mestres uma requintada sensibilidade diante da modelagem da forma e dos métodos de instrução. Diferentes escolas e tendências com normas e divergências definidas se desenvolveram, então, naturalmente. Porém, quase todas permaneceram fiéis à ideia original das três linhas principais, como o fundamento estético da arte e da experiência espiritual.

Esse tipo de arte floral atingiu seu maior desenvolvimento no século XVI e, principalmente, no século XVII. Monges, eruditos, poetas e artistas, nobres, bem como homens que se retiraram da agitação da vida profissional e das preocupações do dia a dia, converteram-se em adeptos entusiastas dessa maravilhosa forma de introspecção.

A palavra *Ikebana*, cujo significado é "colocar plantas vivas na água", inclui o voto de amar as flores como seres vivos, e de cuidar delas com bondade. Até a água com que as regamos deve ser vertida com a consciência da responsabilidade em relação à vida das flores. Isso explica por que as decorações de Ano-novo — mensageiras de festa e de boa fortuna, compostas de três plantas: pinheiros, ameixeiras e bambu, são colocadas diante da porta da casa — não podem ser jogadas fora irrefletidamente ao término das celebrações. Num determinado anoitecer, todos esses arranjos florais são levados ao templo, onde são empilhados e queimados. Suas chamas crepitantes iluminam o velho templo e os escuros cedros japoneses, em volta dos quais se reúnem milhares de espectadores.

Camélia.

Nageire com um suplemento (nejime) de galhos de chorão num vaso de corda trançada. O recipiente é pendurado num sustentáculo de tabuinhas, que brilham por serem polidas diariamente.

De acordo com uma antiga lenda, o arranjo simbólico das flores tem uma origem divina. Um ser sobrenatural chamado Fudo dama no mikoto plantou o sakaki — a árvore sagrada do xintoísmo — em honra da deusa Amare-tasu o mi Kami.

Talvez essa tradição contenha a ideia de que a arte do arranjo seja de origem japonesa. A rigor, essa afirmação não é bem correta. Só é válida na medida em que, a partir do impulso primitivo introduzido em seu país, os japoneses souberam desenvolver uma arte própria e independente.

Apesar de o arranjo floral ter chegado a ser, no decorrer do tempo, uma arte secular, nunca perdeu aquele traço misterioso adquirido por causa da sua associação original com a cerimônia religiosa. O japonês ainda se inclina diante do quadro floral que ele criou. E, antes de contemplar a obra dos outros, assim como ao se afastar dela, ele se inclina do mesmo modo reverente.

A Cerimônia do Chá

As flores dos campos e dos bosques são particularmente apropriadas para ornamentar a sala onde se celebra a Cerimônia do Chá, já que valorizam de modo discreto a inviolada naturalidade. A proximidade desses ornamentos dispostos à vontade pode ser comovedora pela sua realidade orgânica tão simples, na sala expressamente concebida com a mais extrema modéstia, ao mesmo tempo, de modo tão requintado, para a Cerimônia do Chá.

A ornamentação pode limitar-se a uma única flor, cuja presença viva acentua a sacralidade da sala; porém, não irá atrair a atenção pelo seu aroma penetrante ou pelo brilho de suas cores. Bem pelo contrário! Talvez o que chame a atenção seja apenas o modesto perfil de uma pequena campânula com os seus delicados botões. Esta também simboliza a atitude existencial, um requisito aqui indispensável. De dentro de um recipiente de bambu fixo à coluna do tokonoma sobre uma tábua de madeira rara, a flor, sonhadora e contemplativa, volta-se em direção à porta de entrada. Os poucos convidados para a Cerimônia do Chá entram na sala por sua entrada de pequena altura.

Os convidados começam a entrar lentamente, inclinando-se em humilde reverência. Eles já haviam lavado as mãos com cuidado na fonte do jardim, antes de deixar seus sapatos sobre as pedras revestidas de musgo, afastando-se do mundo exterior. Uma paz serena e o brilho da limpeza envolvem essa silenciosa sala interior. Do pequeno bosque de bambu sopra uma brisa suave, que passa sobre o braseiro de carvão, embutido no arco sobre o qual repousa a chaleira. Os convidados escutam o suave murmúrio metálico da água a ferver. Talvez o chá-verde e forte esteja sendo batido com uma vareta de bambu para ficar espumoso, ou talvez se esteja preparando o chá-preto segundo o cerimonioso ritual.

Os hóspedes limitam-se a esperar, pensativamente sentados, durante um longo período na posição característica, deixando transcorrer lentamente a cerimônia da preparação do chá, em todos os seus movimentos predeterminados. O decorrer tranquilo e plácido dessa arte exige uma atitude sacerdotal que contagia todos os presentes. Todos os utensílios utilizados se distinguem pela simplicidade e pelo bom gosto. Muitas vezes, são heranças de família.

Do alto da coluna, a campânula contempla a cena e dela participa.

Ela foi regada com gotas d'água antes do início da cerimônia. Quando os convidados receberem, cada um por sua vez, a chávena de chá e começarem a bebê-lo vagarosamente, ela também não sentirá sede.

A Cerimônia da Queima de Incenso

A queima das varetas de incenso é uma cerimônia impressionante. O texto escrito especialmente escolhido para a ocasião pende do tokonoma e reflete a seriedade e a espiritualidade do momento. Essa obra de arte caligráfica, traçada pela monástica mão de um Mestre, ainda vive e respira. Esse rolo de escrita tem a força intrínseca de reviver o espírito original que há muito o criou. Ele é uma parábola sobre a simplicidade cultivada de forma exterior e interior e conduz o observador de volta ao pensamento sobre os acontecimentos rituais nos templos religiosos.

O sentido da palavra *Sesshin* (rigorosa disciplina espiritual, concentração de pensamentos), que Mestre Takeda tanto gostava de enfatizar, também reina nesse aposento.

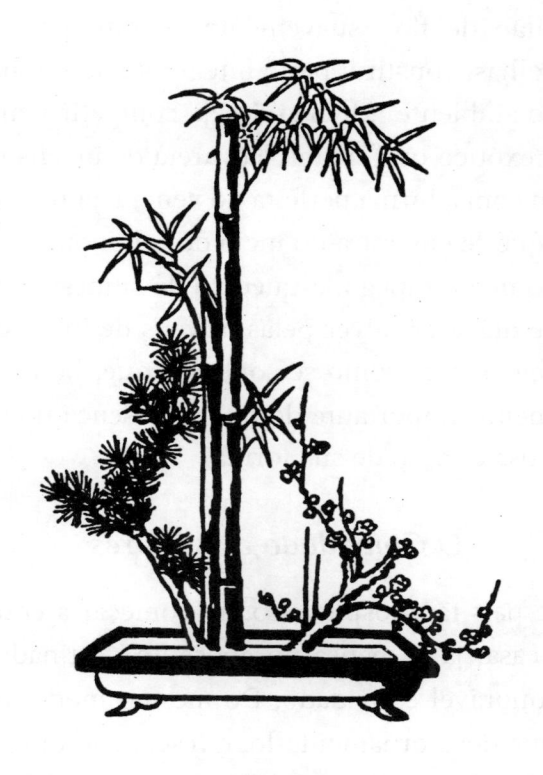

Ornamento de Ano-novo

Bambu (take), símbolo da abundância, da força elástica e da riqueza. O pinheiro (matsu) é símbolo de força e perseverança. A ameixa (ume), símbolo da nova esperança após o inverno. Brotos novos são agregados a um tronco velho. Cada uma dessas plantas mostra em si mesma a divisão em três, que também aparece no todo de sua composição. Essa decoração pode ser colocada na porta de entrada ou na própria sala, em um ou em três recipientes. No emprego de dois troncos de bambu, o menor representa o elemento feminino e o mais alto é o símbolo do elemento masculino.

O botão de flor, suavemente envolto por algumas poucas folhas, constitui parte integrante da serena austeridade do ambiente. Ele não deseja competir nem com o perfume exótico que emana da vareta de incenso a queimar, nem com a forma perfeita do venerável recipiente de incenso que se encontra no meio do tokonoma.

Sem o menor apego, esquecido de si mesmo, o botão da flor se deixa envolver pelas nuvens de incenso e pela festiva celebração, como se soubesse que, hoje, seu perfume é menos importante do que a presença imediata da maravilhosa criação de sua forma.

O Convidado e as Flores

Neste país tão hospitaleiro, ao começar a construção de uma casa, já se pensa no aposento destinado a acolher o honorável convidado. Do mesmo modo, pensa-se na flor que deve ornamentá-lo, e reserva-se um lugar especial que a faça sobressair. Reserva-se, também para o convidado, o lugar mais bonito do aposento, diante do tokonoma e, para a flor, a menor elevação do próprio tokonoma. Na grande sala usada também como lugar de recepção, em geral pendem da parede dois rolos de papel ou de seda, cujos significados se complementam mutuamente. Esses kakemonos são quadros a tinta nanquim elaborados sobre seda ou papel bem fino, sem moldura, porém, em sua maioria, emoldurados com brocado. O kakemono também pode conter um fragmento de caligrafia,

Nicho na parede (tokonoma).

No canto do tokonoma, lírios pendem de um vaso de chifre, atado a uma velha coluna de madeira valiosa, polida pelo tempo. Vê-se, em primeiro plano, um queimador de incenso.

artisticamente executada por um Mestre, reproduzindo fragmentos de pensamentos curtos mas muito profundos.

Quando há dois kakemonos pendurados numa mesma parede, a flor escolhida como ornamento deve estar ao meio, no primeiro plano do tokonoma. Em salas solenes, especialmente nas de grandes dimensões, pode haver até três rolos pintados, ilustrando um mesmo tema. Nesse caso, pode haver excepcionalmente dois arranjos florais. Em algumas casas há duas salas, cada uma delas com o seu tokonoma; assim, há a possibilidade de dar vida a vários aposentos, ornamentando-os com flores em vasos maiores.

O convidado adotará uma atitude conveniente ao aproximar-se dessas flores. Perto delas ele verá algum objeto que é valioso para o anfitrião, feito de laca, de bronze, de cerâmica, ou outros objetos de arte. Muitas vezes, essa peça atrairá visualmente pela sua extrema simplicidade. Tais objetos só são observados em detalhe e talvez submetidos a exame entre bons amigos. O anfitrião apenas exibe esses tesouros, há muito guardados com amor e respeito, de um a um, já que cada peça requer uma apreciação especial. Talvez ele tenha ido buscá-lo num dos numerosos cofres e o tenha desembrulhado como uma homenagem particular destinada a um hóspede há muito esperado. O singular objeto nunca é exibido para ostentar riqueza. Numa reunião desse tipo, o ornamento floral será o prelúdio que introduzirá a contemplação, na beleza e na vida do arranjo.

Paeonia (botan).

Gyo seikwa: um efeito informal através da forte ênfase no gyo.

A dona da casa ou um membro da família dedica parte de seu tempo à sintonização com as flores no momento de arrumá-las e, ao mesmo tempo, cuidará de alegrar os outros com essa forma de criatividade, honrando-os e comprovando sua amizade. À espera dos convidados, as flores são, mais uma vez, salpicadas com água; as flores devem ser vistas pelos convidados frescas como o orvalho.

Em geral, uma única obra floral bem escolhida e moldada é suficiente para uma contemplação tranquila e para o recolhimento. Raramente se coloca mais do que um recipiente com flores pendurado numa mesma sala.

Ao ser recebido, o olhar do convidado pode sentir-se atraído pelas palavras mágicas em escritura simbólica. Como esse kakemono chama muito a atenção, deve-se escolher a flor apropriada com muito cuidado. Dá-se grande importância à elevada arte da caligrafia, ao movimento rítmico das imagens verbais em conjunção com os espaços vazios. A ênfase no "conteúdo do vazio" irá preencher o espectador, assim como também o estilo de escritura e o significado das palavras, muitas vezes de duplo sentido.

Às vezes é preciso intuição e conhecimento consideráveis para apreender com rapidez o seu sentido. Entretanto, esse quadro deve ser apreciado em sua expressão integral e sem muita análise intelectual; deve-se, porém, contemplá-lo reiteradamente. A visão global da qual o artista extraiu a sua obra deve envolver o espectador com seu fascínio: é a integração do conteúdo interior com a

Nageire.

*Variadas flores de outono, soltas, inclinadas para o lado,
em vaso com forma de lua.*

sua forma exterior. No Japão existem numerosos *haikai* que podem caracterizar, em pouquíssimas palavras, um estado de espírito particular. Ao limitar o número de palavras e os meios de expressão, põe-se em jogo a imaginação do leitor como um desafio.

Há, por exemplo, numerosos *haikai* sobre a Lua cheia e a Lua crescente. Um complemento adequado à "Lua surgindo livre entre as nuvens" poderia ser a água clara emoldurada dentro de um recipiente prateado ou de laca negra. Ao passar, o raio de luar deve refletir seu brilho transparente na quietude da água.

Do mesmo modo, há poemas sobre as folhas coloridas dos áceres espalhados pelo vento do outono. A pintura dessas folhas mostra-as em cores brilhantes "transportadas pelo vento" e recolhidas num recipiente raso.

Outro rolo de pergaminho manuscrito numa caligrafia livre, com muitos espaços vazios entre as letras, pode contar a história de um velho samurai ou sacerdote, e a sublime serenidade com que vai ao encontro da morte. Esse relato poderia ser acompanhado por algumas pétalas de cerejeira, como que dispersas pelo vento da primavera, sobre a água em repouso.

Às vezes, é preciso oferecer um presente ao convidado de honra. Este lhe é entregue numa caixinha de madeira kiri maravilhosamente leve ou numa caixa de papelão requintada, envolta num papel de presente especial, atada com o clássico cordão vermelho e branco. Mesmo quando a gentileza consiste num ramo de botões ou de flores, estes também são amarrados delicadamente, e dispostos na embalagem cerimonial. Ao oferecer um presente, até a pessoa mais simples cumprirá esse hábito. Mesmo quando o presente é desprovido de valor material, será entregue nessa embalagem. A esta altura, não posso deixar de mencionar os nossos dois bondosos condutores de jinriquixá que, ao receber o presente do Ano-novo, o retribuíram com brio. Seu presente consistia em varetas ou talheres de bambu, talhados pelas próprias mãos. Foram-nos entregues numa bela embalagem, de maneira festiva e cerimoniosa, como uma resposta amistosa de pessoa a pessoa.

A Essência do Ensinamento

Ao contemplar o "verdadeiro ensinamento" manifesta-se claramente um conceito de liberdade característico do Oriente. Lá, a verdadeira liberdade interior é entendida como uma adaptação pessoal às formas detentoras do significado de leis cósmicas. Ao conformar-se com elas, o próprio discípulo se colocará no interior da ordem última do mundo. O modelo em três partes que é a base do arranjo floral representa, entre outras coisas, um princípio cósmico. Só incorporando-se espontaneamente a este princípio o artista das flores poderá alcançar o chão firme em que a sua força criativa pode se desenvolver plenamente. A partir disso, ele estará livre para retratar as relações esquemáticas indicadas de um modo vivo. Não seriam corretas, nem a imitação negligente deste tema, nem a originalidade mal-interpretada que quisesse omiti-lo. Ambas seriam consideradas como uma transgressão contra o "verdadeiro ensinamento", ou melhor, contra o espírito do arranjo floral.

Portanto, como já foi assinalado com frequência, exige-se do discípulo uma disciplina interior, uma adaptação e a capacidade de abnegação. Desde o princípio, o Mestre confere a essas qualidades, cada vez mais evidentes, o maior valor; parecem-lhe mais importantes do que uma mão leve e habilidosa e do que o bom gosto.

Apesar de, no Oriente, a autorrenúncia e a autodissolução no princípio espiritual do mundo e da vida serem consideradas o que há de mais elevado, e constituam o mais profundo significado da vida religiosa, isso não quer dizer que uma obra moldada com tal atitude seja de todo impessoal. Até o artista oriental não pode evitar os rastros de individualidade em sua obra — isto justamente faz parte dela. No entanto, sua individualidade não deve perturbar o espírito de sua obra e, sim, deve ser absorvida por ela. Isso significa que o artista não deve tentar imprimir à sua obra um cunho pessoal. Este só se justifica e adquire um significado profundo na medida em que penetra na obra involuntariamente, integrado de modo espontâneo e em perfeita unidade com a lei do seu próprio ser.

O que se tornou visível aqui, no modesto domínio do arranjo floral, caracteriza toda a arte do Oriente, principalmente no que diz respeito ao modo de ver a vida do zen-budista. Em última instância, tudo depende do que está fora e além dos opostos; tudo depende do espírito, da capacidade não só de o homem nele se dissolver através de uma concentração apaixonada, porém, também, de viver a partir desse espírito, de modo natural e sereno.

Seja qual for o meio pelo qual o homem do Ocidente busque o acesso à vida espiritual do Oriente, ele se defrontará com extraordinárias dificuldades. Quase sempre, ele correrá o perigo de querer penetrar de modo intelectual naquilo que está além de qualquer entendimento, que é dado ao japonês de modo direto e que ele vivência como uma realidade inquestionável. A dificuldade de atingir essa compreensão racional é ainda mais exacerbada pelo fato de o japonês raramente sentir o desejo de explicar sua experiência em termos compreensíveis. Como consequência, muitas vezes há um abismo profundo entre o que ele diz em palavras e aquilo que ele deveras quis dizer. Na maioria das vezes, ele é obrigado a contentar-se com meras insinuações e imagens, se não deseja refugiar-se no paradoxo. Encontrar um fio condutor e não confundir a compreensão daquilo que o professor diz com a compreensão da coisa em si, requer do homem ocidental uma grande parcela de paciência intuitiva e repetidas tentativas de adivinhar ou vivenciar, de algum modo, aquilo de que se trata. Mesmo quando há muitas coisas que podem ser ditas e demonstradas pelo arranjo das flores, por trás de tudo o que pode ser fisicamente representado há, à espera da vivência de cada homem, o segredo e o fundamento do seu ser mais profundo.

Em relação à existência concreta das flores, através da qual o cosmos se manifesta, o artista só pode vivenciar a lei do mundo em seu próprio interior pela devoção sem apego, e quando ele renuncia totalmente a colocar-se em primeiro plano.

A partir de tudo o que foi dito, é evidente que o arranjo floral está vinculado a este princípio interior espiritual. Por isso, deve ficar bem claro que a atitude correta nada

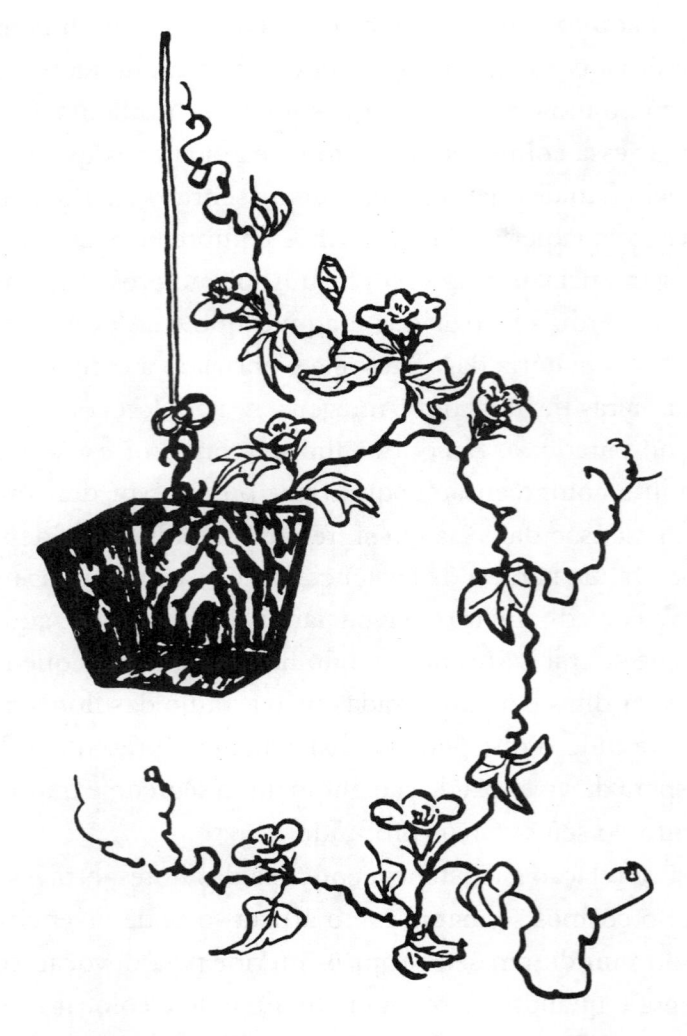

Cucurbita (hechima) — Planta do Pepino Nageire.

O fluir da trepadeira, envolvendo um vaso pendente de madeira, que representa o velho balde de puxar água do poço.

tem a ver com o estado de ânimo. O que fundamenta essa arte, aquilo que precisa ser experimentado, é desprovido de forma em si mesmo, porém adquire uma forma tão logo se trate de representá-lo simbolicamente. E é justamente essa imagem espiritual que constitui a essência do arranjo floral. O imensurável integra, desse modo, as formas mais improváveis do mundo sensitivo, numa fusão visível.

Orientando-se firmemente pelo modelo cósmico, o artista aprende — conforme a atitude oriental de pura e não intencional devoção às leis do cosmos — a vivenciá-las em sua totalidade. Ao mesmo tempo, ele mergulha nas profundezas de seu próprio ser, que repousam nessas mesmas leis.

Aqui se encontra, sem dúvida, a chave para a compreensão da arte oriental e da vida espiritual do Oriente: este "olhar para fora de si" do oriental, essa total "não intencionalidade" de suas mais elevadas realizações espirituais. Deste modo, o pintor desenha suas pinceladas, não como se *ele as traçasse*, mas como se *elas mesmas se delineassem*, partindo do fundamento primordial. Assim, também, ao serem dispostas, as flores não são coordenadas por um olhar inquieto que se agita de um lado para outro, nem através de uma comparação, ou combinando-se em efeitos mútuos; só o principiante age assim. Ao contrário, porém, o olhar está voltado para o interior.

Nem o menor intento de fazer um "belo" arranjo deve turvar esta concentração íntima, nem mesmo a intenção

Crisântemo (kiku)

Seikwa com sete flores e dois botões, num vaso de vime.

de pretender ser totalmente destituído de intenção. A não ser que se logre produzir essa estrutura mental interior, mantendo-a em total pureza, só então a mão seguirá o impulso de espontaneidade inconsciente. Esta atitude apenas *parece* passiva. Segundo o conceito oriental, na verdade, ela é a própria fonte da força espiritual.

As Etapas do Conhecimento

E natural que o Caminho das Flores possua uma escada, cujos degraus o Mestre sabe reconhecer e interpretar. Ele revela ao discípulo em que degrau do conhecimento ele se encontra.

O Mestre percebe, com frequência e surpreendente precisão, pela maneira como o principiante dispõe as flores, pelo seu modo de trabalhar, o seu caráter, ou, pelo menos, os seus traços característicos.

Nas etapas iniciais, uma individualidade espontânea e involuntária raramente aparece. A longa prática e a modificação contínua vai dando polimento aos hábitos, até que a forma "pura" fale através da obra. Nas etapas mais avançadas da evolução, a "originalidade" do aluno se mostrará mais livre, tornando-se cada vez mais límpida, até fundir-se com a "verdade pura", na unidade perfeita que se expressa na essência da arte. Deste modo, a "verdade" encontra, na essência da natureza do artista do arranjo floral, o cenário no qual toma forma visível. Dar corpo à verdade do "próprio céu" é a tarefa mais elevada, só alcançada pelo melhor entre os pintores ou poetas. Quando conseguir isso, o discípulo encontrará essa verdade surgindo de dentro de si com naturalidade espontânea, como um dom que não se perde, graças à mediação do Mestre.

Porém, para repetir mais uma vez, por trás das formas visíveis existe sempre a forma que ainda não pode ser expressa nem representada, o eterno mistério que o artista luta em vão por apreender até que, inesperadamente, ele se lhe revela.

A Técnica

No Japão, a arte do arranjo floral recebe o nome de *Ikebana*. *Hana* ou *bana* significa flor.

Segundo o seu sentido, pode-se traduzir a palavra Ikebana por: "A arte de conservar as plantas vivas em recipientes com água." A palavra "flor" (*bana*), nesse contexto, inclui toda espécie de plantas: raminhos e galhos, folhas de qualquer tipo e tamanho, ervas, gramíneas, etc.

A Ikebana abrange tanto os mais antigos métodos de arranjo floral como os mais modernos, já um pouco modificados. Até o primitivo método *rikkwa* era entendido como "colocar flores vivas em tigelas cheias de água".

No Rikkwa-Sunamono, as plantas eram moldadas em caixas de areia. Essas estruturas, muito altas e largas, eram expostas nos salões e nos jardins dos templos.

Nas pinturas antigas pode-se ver desenhos de montanhas e colinas que se elevam umas sobre as outras, espalhando-se em declive, formando um triângulo. Entre estas paisagens montanhosas há vales, que se destacam por formar espaços vazios. O objetivo desses modelos era o de servir de linhas visuais ou de ponto de apoio para a realização do trabalho prático. Com o decorrer do tempo, esse amontoado de desenhos, que podem ser vistos nos modelos antigos, foi simplificado e aprimorado. A forma triangular foi sendo enfatizada com clareza cada vez maior, sendo mantida como um padrão básico.

Os métodos posteriores de arranjos florais podem-se distinguir da seguinte maneira:

1. *Seikwa* (pronuncia-se Seika) — inclui a ideia de cortar flores e tem o mesmo significado de Ikebana. A palavra Seikwa deriva etimologicamente do vocábulo chinês que designa a Ikebana.

2. *Nageire* — a maneira "livre" de arrumar as flores.

3. *Moribana* — reproduz paisagens naturais.

O esquema simbólico do Princípio do Três constitui, da mesma forma, o fundamento dos três métodos do arranjo floral.

Seikwa

O Seikwa divide-se em três tipos, pois o triângulo possui uma estrutura elástica. Distinguem-se três métodos: o formal, o semiformal e o informal. (Essa divisão em três grupos é empregada também nos estilos chinês e japonês de escrita, na pintura e decoração de jardins.)

O Seikwa formal também é denominado de Seikwa clássico, pois seu aspecto é severo, sério e até solene: as linhas são verticais, apontando para o céu. Esse método cerimonioso, quase rígido, de ornamentação — em geral com a parte dianteira de frente para o altar — decorava os templos e os altares dos ancestrais. Embora antiquado, ainda é utilizado nas cerimônias religiosas.

Shin (Céu) — o ramo mais alto
So (Homem) — o ramo de altura média
Gyo (Terra) — um ramo mais baixo

O Seikwa semiformal adapta-se especificamente aos aposentos de residências. Em todas as casas, as flores são dignamente emolduradas no tokonoma. Ali, a forma mais simples e cotidiana do Seikwa encontra a melhor possibilidade de se estender para ambos os lados.

O Seikwa informal, com sua deslumbrante roupagem, é comparado a uma dama elegante vestida com um roupão magnífico. Esta forma livre e imaginativa dispõe de várias linhas. Pode embelezar uma casa tanto no tokonoma como sobre delicados suportes de madeira ou em recipientes pendurados. Ostenta ao mesmo tempo graça e tranquilidade.

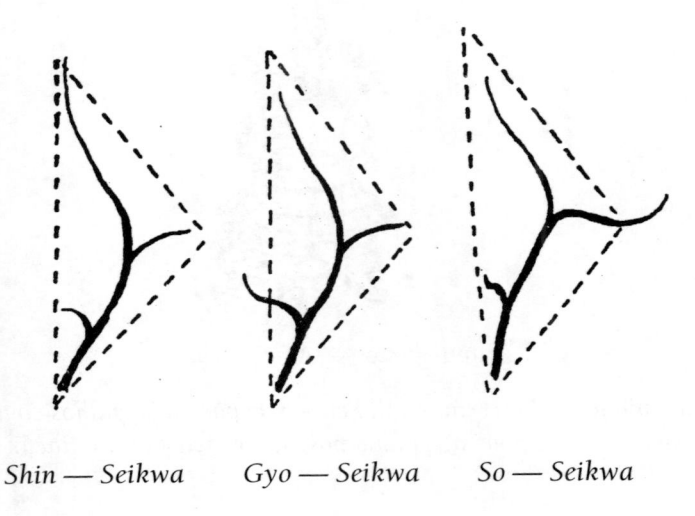

Shin — Seikwa   *Gyo — Seikwa*   *So — Seikwa*

Prunus fumei — Ameixeira.

Arranjo formal a cerimonial, Seikwa, expõe cinco galhos com seus brotos de ameixas, numa posição festiva e muito linear.

No *Shin-Seikwa*, assim como no Seikwa formal, a forte preponderância do *Shin* é acentuada. Semelhante ao arco tenso de um arqueiro japonês, sua posição é quase vertical, numa curva ampla e alta. De acordo com as características das plantas utilizadas, os ramos são finos ou grossos, e as pontas dos galhos são moldadas para cima, ora com força, ora com suavidade.

O *So-Seikwa* caracteriza-se como um estilo mais informal, fluido e fantasioso, semelhante à caligrafia japonesa. Também nesse caso o importante é a modelagem. O *So* deve estender-se lateralmente, seguindo sua curvatura natural, contrastando com os demais galhos.

O *Gyo-Seikwa* indica uma certa estrutura, mais restrita e compacta. Geralmente apresenta um efeito como que enraizado, simples, robusto. Em todos esses modelos, os ramos inferiores devem estar firmemente unidos, para formar um contorno claramente delineado.

Depois de cortar a forquilha em forma de Y e de fixá-la no vaso, o discípulo examinará o material à sua disposição, adaptando-o mentalmente ao modelo básico. Então ele tentará dispor os ramos, de acordo com as características de cada um, respeitando as leis peculiares de cada planta. Ele começará com as três linhas principais, para dar-lhes maior relevância. Frequentemente, se dá prioridade ao *So* por definir o ponto intermediário entre o céu e a Terra, e então as duas outras linhas principais bem podem encadear-se com ela. Além disso, não há uma regra que determine a ordem em que elas devem ser expostas, já que há tantas diferen-

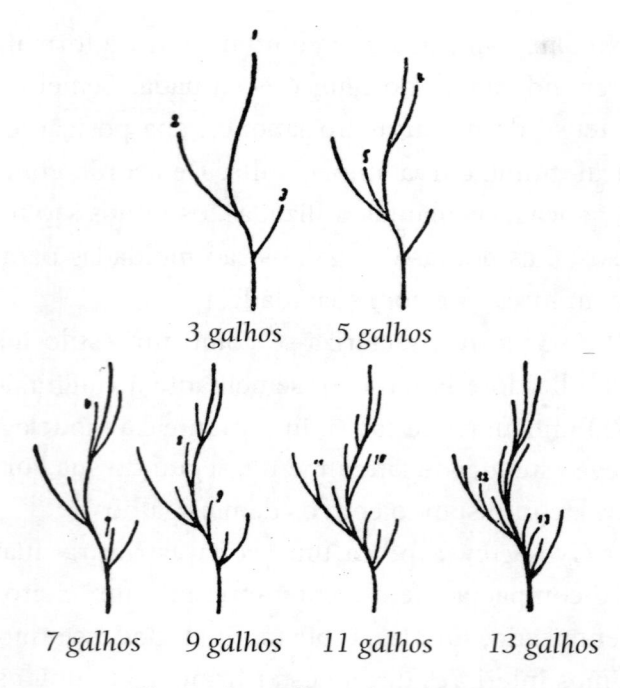

3 galhos   5 galhos

7 galhos   9 galhos   11 galhos   13 galhos

Nomes dos galhos adicionais

1. *Céu (Shin), galho mais alto*
2. *Homem (So), galho do meio*
3. *Terra (Gyo), galho mais baixo*
4. *Suplemento de trás para o céu (Shin-ura-no-soe)*
5. *Suporte do galho do meio (Da ou daki)*
6. *Suplemento para o céu (Shin-no-soe)*
7. *Suplemento ou suporte para a Terra (Gyo-no-soe)*
8. *Suplemento para o céu (Shin-no-soe)*
9. *Broto (Susho)*
10. *Suplemento posterior para o céu (Shin-ura-no-soe)*
11. *Outro suplemento para o homem (So-no-soe)*
12. *Outro suplemento para o homem (So-no-soe)*
13. *Outro suplemento para a Terra, também denominado galho de três (Gyo-no-soe ou oku-eda)*

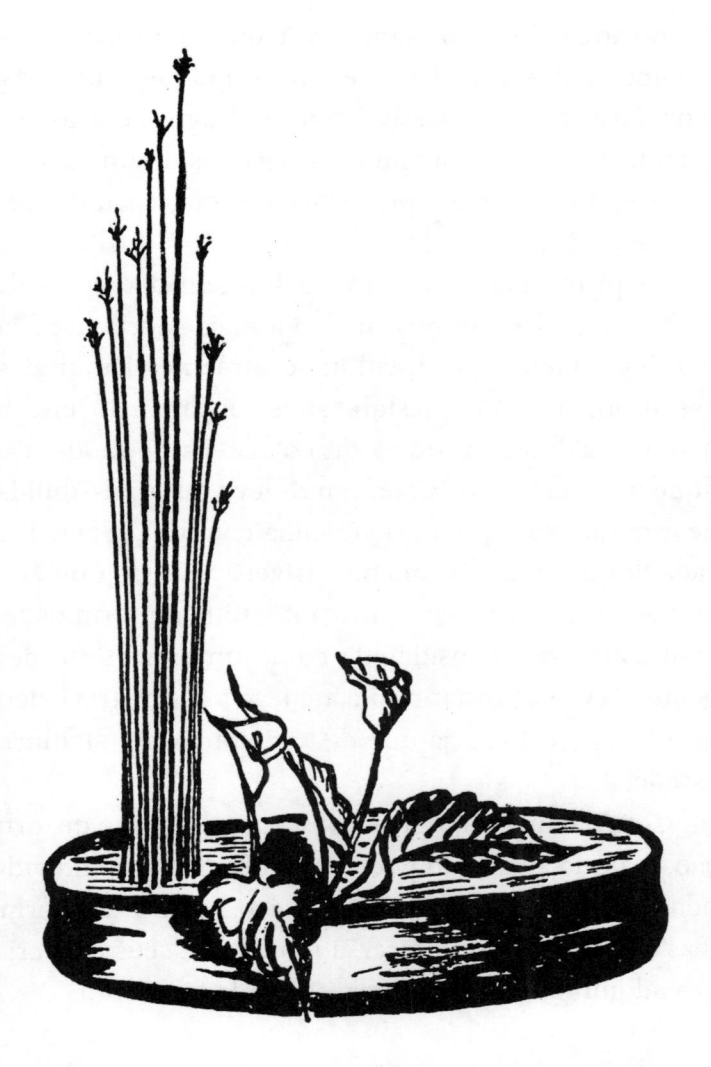

Calla palustris (kai-u) e Scirpus iacustris moribana.

Lírios no meio dos juncos,
flutuando num recipiente quase cheio de água.

ças e variedades e, portanto, se requer, de cada vez, um tratamento diferente. Uma vez encontrada a postura básica "com So ao meio", é possível continuar agregando as linhas complementares. A ordem desses galhos destinados a dar suporte, a decorar e a preencher o vazio, encontra-se na ilustração da página 134.

Na primavera e no verão, a imagem das flores deve ser rica e alegre; no inverno, será mais sóbria mas, nem por isso, menos encantadora e atraente. Durante sua execução, o aluno prestará atenção para não encobrir nenhum galho com outro ou colocá-los de modo a que fiquem superpostos. Cada ramo deve ter a possibilidade de estender suas pontas para cima com total liberdade, e cada flor deve ser claramente visível apesar do número de folhas que a envolvem. Entretanto, toda uniformidade de contrastes seria considerada como uma repetição negligente. Deve-se prestar muita atenção à assimetria e deixar muito espaço livre, já que o "vazio" tem um significado essencial.

Com o tempo, porém, e conforme o seu tipo de formação, o aluno avançado poderá manifestar certa individualidade. A intenção do padrão básico não é a de reprimir, mas a de ajudá-lo a crescer, a fim de que seus atos criativos adquiram independência e liberdade interior.

Nageire

No Nageire, as três linhas principais também podem ser moldadas em diferentes formas, de acordo com o que

Chorão salix (Yana gi).

Moribana. Paisagem. Chorões na primavera, às margens de um lago, num recipiente de laca preta, cuja parte interna é prateada.

Shiziho para ajustar as plantas na composição do Moribana.

a planta requer. Essas tendências podem ser facilmente sugeridas pela modelagem de um estilo vertical, inclinado ou pendente.

No estilo pendente, o galho inclinado também é chamado de "Fluente", já que se debruça docilmente sobre o seu meio ambiente. Sem utilizar um suporte, os ramos ou as flores caem sobre a borda dos vasos. Nesse caso, a linha condutora parte apenas da raiz, com exceção da linha mestra, que se dirige para o alto. Uma vez terminado, o conjunto parece ter sido suavemente soprado pelo vento, tão natural é a sua aparência.

Em pé acima do vaso
o arranjo inclina-se para o lado,
com o "galho fluente"
debruçado para baixo.

Muitas vezes, um único ramo logra produzir inesperadamente a forma buscada. A escolha do material exige sempre um olho conhecedor. Moldar bem o simples é a coisa mais difícil, e muitas vezes se torna uma obra-prima.

A escolha do recipiente é variada, conforme o tipo da planta. Para os galhos mais pesados, utiliza-se um vaso de bronze com uma base firme; para conter as flores leves e frágeis, usam-se vasos de porcelana. Os recipientes pendurados ou os suportes de parede são os mais adequados para as trepadeiras ou para as plantas com muitas rami-

Moribana.

Velho tronco de pinheiro às margens agrestes do rio. Três pedras em primeiro plano.

ficações laterais. Também as cestas trançadas, cujas alças servem como suportes dissimulados, são apropriadas.

Por esse motivo, justamente, é que o Nageire simples é composto em vasos modestos, que causam mais impressão na sala destinada à Cerimônia do Chá. Repousando como que em si mesmo, ele nunca desviará a atenção, porém levará ao recolhimento e irradiará tranquilidade e harmonia.

Moribana

O Moribana é colocado em vasos rasos e muito largos de porcelana, de bronze ou de laca. Com o Moribana é possível criar o efeito de uma paisagem natural. Para dar suporte às plantas, pode-se combinar vários tipos de bases de metal pesado denominados Kubari.

A imaginação do espectador fica livre para sentir-se integrado numa certa paisagem ou passar para certo estado de ânimo através da visão de alguns juncos ou vime, através da visão dos lírios aquáticos ou de algumas flores terrestres dispostas às margens da água.

No verão, uma grande quantidade de água dará vida a este segmento de paisagem. No inverno, a terra ocupa o primeiro plano. O jogo de plantas e de água pode dar a impressão de uma faixa de terra às margens de um lago, de um rio ou do mar. A cena pode refletir uma paisagem de bosques, de montanhas ou de pântano, ou pode lembrar uma península, uma ilha ou as margens do rio. Pode-se ressaltar um efeito triangular ao sugerir árvores pequenas, arbustos ou a vegetação baixa, distribuindo as plantas em primeiro plano, ao meio ou ao fundo. O efeito harmônico e equilibrado dá-se justamente através da riqueza de contrastes e das variações dos arranjos. Um galho alto ou um tronco mais baixo ao fundo podem sugerir simplesmente uma "árvore". Na posição do meio, pode-se

Moribana arundinaria phragmilis.

Junco (ashi). Barcos parados no porto.

usar alguns arbustos, representando a lenha do bosque e folhagens daninhas. Os galhos curtos, as plantas baixas e o musgo são o mais apropriado para colocar em primeiro plano. No outono, ressalta-se um galho ou uma árvore "destelhada" diante da qual se colocam frutinhas ou grama, representando as margens de um rio.

São muito apreciados os galhos cobertos de musgo, cuja patina comprova a sua idade; na primavera, os botões de flores dão vida e alegria, e devem ser colocados de modo que pareçem estar brotando do próprio galho. Formações de pedras podem indicar montanhas e rochedos. Quando se procura recriar a passagem da terra para a água, deve-se utilizar plantas baixas, musgos, pequenos juncos ou algumas pedrinhas dispersas. Uma pedra dentro d'água pode sugerir penhascos banhados pelas ondas.

Quando se utilizam três pedras, a que se encontra à direita e em posição vertical representa o princípio *yang* masculino, em equilibrado contraste com o símbolo feminino do princípio *yin*. Esta abordagem de influência chinesa encontrou sua forma de expressão em diversas definições e aplicações artísticas.

Desde os tempos mais remotos *Yo* significa o lado do Sol, a parte da frente, voltada para o espectador. Ereto, claro, forte, ativo, poderoso, ele simboliza o princípio gerador e florescente da Natureza. Suas cores são o vermelho, o púrpura e o rosa.

O elemento feminino, ao contrário, é o elemento receptivo da Natureza. É o lado da sombra, o lado obscuro. Sua forma, menos evoluída, é sugerida pelos botões de flores e